essentials

Essentials liefern aktuelles Wissen in konzentrierter Form. Die Essenz dessen, worauf es als „State-of-the-Art" in der gegenwärtigen Fachdiskussion oder in der Praxis ankommt. Essentials informieren schnell, unkompliziert und verständlich.

- als Einführung in ein aktuelles Thema aus Ihrem Fachgebiet
- als Einstieg in ein für Sie noch unbekanntes Themenfeld
- als Einblick, um zum Thema mitreden zu können.

Die Bücher in elektronischer und gedruckter Form bringen das Expertenwissen von Springer-Fachautoren kompakt zur Darstellung. Sie sind besonders für die Nutzung als eBook auf Tablet-PCs, eBook-Readern und Smartphones geeignet.

Essentials: Wissensbausteine aus den Wirtschafts, Sozial- und Geisteswissenschaften, aus Technik und Naturwissenschaften sowie aus Medizin, Psychologie und Gesundheitsberufen. Von renommierten Autoren aller Springer-Verlagsmarken.

Peter Michael Bak

# Wie man Psychologie als empirische Wissenschaft betreibt

## Wissenschaftstheoretische Grundlagen im Überblick

Prof. Dr., Peter Michael Bak
Hochschule Fresenius
Köln
Deutschland

ISSN 2197-6708                    ISSN 2197-6716 (electronic)
essentials
ISBN 978-3-658-11129-8           ISBN 978-3-658-11130-4 (eBook)
DOI 10.1007/978-3-658-11130-4

Die Deutsche Nationalbibliothek verzeichnet diese Publikation in der Deutschen Nationalbibliografie; detaillierte bibliografische Daten sind im Internet über http://dnb.d-nb.de abrufbar.

Springer
© Springer Fachmedien Wiesbaden 2016


Gedruckt auf säurefreiem und chlorfrei gebleichtem Papier

Springer Fachmedien Wiesbaden ist Teil der Fachverlagsgruppe Springer Science+Business Media
(www.springer.com)

# Was Sie in diesem Essential finden können

- Eine Einführung in die wissenschaftstheoretischen Grundlagen der Psychologie als empirische Wissenschaft
- Eine Beschreibung dessen, was als eine psychologische Erklärungen gilt
- Einen Überblick über wichtige Konzepte für Planung und Konzeption empirisch-psychologischer Experimente
- Einen Fragenkatalog zur Qualitätssicherung der eigenen empirischen Arbeit

# Vorwort

Am Ende des Psychologiestudiums steht die Bachelor- bzw. Masterarbeit. Die Aufgabe ist klar: Die Studierenden sollen eine wissenschaftliche Arbeit verfassen. Die Frage ist nur, was ist das überhaupt, eine wissenschaftliche Arbeit? Diese Frage ist gar nicht so einfach zu beantworten, und schon gar nicht, wenn die Auseinandersetzung mit dem, was Wissenschaft ausmacht, nicht mehr Gegenstand der Lehrpläne ist, was insbesondere in angewandten Studiengängen zutrifft. Darunter leidet dann nicht nur die Qualität wissenschaftlicher Arbeiten, auch anwendungsbezogenes psychologisches Handeln kann ohne Rückgriff auf wissenschaftliche Grundlagen nicht ausreichend argumentativ begründet werden. Seriöse Psychologie setzt also eine wissenschaftstheoretische Auseinandersetzung darüber voraus, was die Psychologie als Wissenschaft ist. Ohne Kenntnis der wissenschaftlichen Regeln wird es uns nicht möglich sein, uns an dem „Spiel Wissenschaft" (Popper 1989) zu beteiligen. Meine Hoffnung, die sich mit den vorliegenden Essentials verbinden, ist es daher, Kenntnisse zu grundlegenden Fragen und Annahmen wissenschaftlichen Arbeitens im Fach Psychologie zu vermitteln und dadurch zur Qualität psychologischer Abschlussarbeiten beizutragen. Wenn der Leser und die Leserin, insbesondere Bachelor- und Masterstudierende der (angewandten) Psychologie, sich für die Grundlagen der Wissenschaft interessieren und gleichzeitig die Notwendigkeit erkennen würden, sich damit näher zu befassen, weil es an vielen Stellen eben nicht nur um ein theoretisch interessantes Problem geht, sondern um Überlegungen, die auch großen Einfluss auf unsere Entscheidungen in der Praxis haben können, dann wäre das Ziel dieser Essentials erreicht.

Saarbrücken im März 2015 Peter M. Bak

# Inhaltsverzeichnis

# Was ist Wissenschaft?

1

Nehmen wir das Wort Wissenschaft wörtlich, dann ist das zunächst offenbar eine Tätigkeit, die *Wissen schafft*, uns also mit bisher unbekannten Informationen, Erklärungen, Interpretationsmöglichkeiten dessen versorgt, was wir als unsere Wirklichkeit bezeichnen. Etwas enger gefasst können wir noch ergänzen, dass Wissenschaft zudem eine bestimmte *Methode* beschreibt, mit der wir zu diesem Wissen gelangen. Und Methode bezeichnet dann eine Festlegung von einzelnen Schritten, die wiederholt angewendet werden, um zu einer bestimmten Klasse von Aussagen zu kommen. Dies impliziert, dass es viele Methoden geben kann, mit denen wir zu Wissen gelangen können. Unser Wissen hat demnach ganz unterschiedliche Quellen und kann ganz unterschiedliche Formen annehmen.

Es ist interessant festzustellen, dass wir, wenn wir über Wissenschaft nachdenken, in erster Linie an Disziplinen wie Physik, Biologie oder Chemie, also sogenannte *Naturwissenschaften* bzw. *exakte Wissenschaften* denken und andere Methoden der Wissensgewinnung, z. B. Astrologie oder Alchemie als esoterisch und unwissenschaftlich abtun. Vor 500 Jahren wäre das anders gewesen, was uns schließen lässt, dass sich die Vorstellungen von Wissenschaft offenbar ändern. Das gilt auch für die Psychologie. So wie wir sie heute als empirische Wissenschaft kennen, ist sie maßgeblich von den Überlegungen Karl Poppers zur „Logik der Forschung" geprägt, einem Buch, das 1935 in Erstauflage erschien und heute zum Allgemeinwissen eines empirisch arbeitenden Wissenschaftlers gehört.

Bei der Betrachtung der Wissenschaftsgeschichte zeigt sich immer wieder, dass sich bestimmte wissenschaftliche Methoden auf Kosten anderer über einen Zeitraum hinweg durchgesetzt haben. Sicher spielt dabei die Qualität der Erklärungen und Vorhersagen eine große Rolle, aber vermutlich nicht die einzige. Die Geschichte der Wissenschaft ist immer auch eine Geschichte von Geld, Macht, Durchsetzungsvermögen, bestimmten Persönlichkeiten und Politik. Bestes Beispiel dafür ist der Lebensweg des 1564 in Pisa geborenen Galileo Galilei. Galilei

© Springer Fachmedien Wiesbaden 2016
P. M. Bak, *Wie man Psychologie als empirische Wissenschaft betreibt*, essentials,
DOI 10.1007/978-3-658-11130-4_1

war ein begnadeter Wissenschaftler und Beobachter des Sternenhimmels. Zu seiner Zeit wurde ein erbitterter Streit darüber ausgefochten, welche Stellung die Erde in unserem Sonnensystem einnimmt. Worum ging es bei dem Streit? Seit Ptolemäus (zwischen 100–160) herrschte die Ansicht vor, dass die Erde im Zentrum des Universums steht, Sonne und Planeten sich also um die Erde drehen. Die christlichen Kirchen konnten mit ihren Vorstellungen zur Entstehung der Welt und der Rolle Gottes nicht nur damit leben, sie verteidigten diese Vorstellung auch mit allen Mitteln, wie sich später noch herausstellen sollte. 1400 Jahre nach Ptolemäus nämlich, wurde das geozentrische (ptolemäische) Weltbild durch die Forschungen Nikolaus Kopernikus in Frage gestellt. Kopernikus hatte um 1509 auf Basis mathematischer Überlegungen die dem herrschenden Weltbild widersprechende Theorie aufgestellt, dass die Erde nicht der Mittelpunkt der Welt ist und sich die Planeten um die Sonne drehen. Hundert Jahre später konnte Galilei diese Annahmen eines heliozentrischen Universums durch seine astronomischen Beobachtungen bestätigen. War schon Kopernikus heftiger Kritik seitens kirchlicher Autoritäten ausgesetzt, so traf es Galileo noch härter. Nicht nur wurde sein Werk zensiert und er dazu aufgefordert, explizit das ptolemäische Weltbild zu favorisieren, Galileo wurde auch der Inquisition unterzogen und am Ende dazu gezwungen, seine Forschungen als Irrtum einzusehen (zu Galileo siehe ausführlich Fischer 2013). Was nicht sein durfte, das konnte auch nicht sein! Dieses Beispiel zeigt, dass der wissenschaftliche Prozess keinesfalls neutral ist, oder, dass stets festgelegt wäre, was wir als wissenschaftlich anzusehen haben und dass Erkenntnis nicht von allen immer und stets willkommen geheißen wird, sondern dass Wissen auch Macht bedeutet oder zumindest einen Zugang zur Welt darstellt, der manchen zuträglich, anderen dagegen abträglich ist (siehe dazu auch Burke 2014). Wissenschaft ist also ein höchst dynamischer Vorgang, bei dem sich akzeptierte Theorien und Modelle mit anderen Annahmen und weniger akzeptierten oder ganz neuen Vorstellungen, um das Sigel der Gültigkeit streiten. Thomas Kuhn hat diesen Prozess in seinem bekannten Buch „Die Struktur wissenschaftlicher Revolutionen" (Kuhn 1976) ausführlich beschrieben. Danach ist Wissenschaft ein Prozess, bei dem anerkannte Theorien (er verwendet den Begriff *Paradigma*) sich zunächst gegen Widerstände behaupten, also andere Meinungen, Befunde und Erklärungen als unwissenschaftlich abtun, bis sich neue Erkenntnisse, aufgrund der Menge an neuen und besseren Modelle revolutionsartig durchsetzen. Er unterscheidet dabei mehrere prototypische Phasen dieses Prozesses. In der sogenannten *vorparadigmatischen Phase* herrscht hinsichtlich des Forschungsbereichs zwischen den verschiedenen Wissenschaftlern noch kein Konsens darüber, wie dieser Forschungsbereich zu beschreiben, zu erfassen und zu erklären ist. Verschiedene Ansätze koexistieren nebeneinander. Hat sich dann eine Perspektive, eine Methode, eine Theorie als die überlegene herauskristallisiert, kommt die

Zeit der *Normalwissenschaft*. In dieser Phase ist sich die *scientific community* über die verwendeten Theorien und Methoden einig, die Theorien werden ausgefeilter und ihr Gültigkeitsbereich wird erweitert. Widersprechende Befunde werden nicht als Herausforderung für die geltenden Theorien angesehen, sondern als Indiz für die Unzulänglichkeit des Autors. Von den herrschenden Vorstellungen abweichende Gedanken und Ideen werden als unwissenschaftlich abgetan. Erst wenn sich an einer zentralen Stelle zu viele Probleme ergeben, also Phänomene auftauchen, die nicht mit den geltenden Theorien in Einklang zu bringen sind, kann es zu einer *Krise* innerhalb der Wissenschaft kommen, an deren Ende es dann tatsächlich zu einem Paradigmenwechsel, also dem Verwerfen bisheriger theoretischer Grundsätze und dem Anerkennen neuer Erklärungen kommen kann, mit gravierenden Folgen für den Wissenschaftsbetrieb und das gesamte herrschende Weltbild. Eine *wissenschaftliche Revolution* eben. Die Abkehr vom ptolemäischen Weltbild zum kopernikanischen Weltbild ist so eine Revolution gewesen. In gewisser Weise gibt es also auch in der Wissenschaft Sieger und Besiegte, und die Sieger besitzen, das kennen wir aus anderen Kontexten, die Deutungshoheit darüber, was richtig und falsch ist. Es ist daher stets interessant, zu betrachten, wer eigentlich für die Verteilung von Wissen verantwortlich ist. Skepsis gegenüber wissenschaftlichen Ergebnissen und der jeweiligen Informationsquelle ist daher eine Kardinaltugend des Wissenschaftlers. Überdies lohnt es sich, sich hin und wieder darüber klar zu werden, dass unser jetziges Wissen kein endgültiges Wissen ist und den Blick nicht völlig von heute als „unwissenschaftlich" bezeichneten Disziplinen abzuwenden.

Heute hat sich die Unterscheidung zwischen Natur-, Sozial- und Geisteswissenschaften etabliert. Diese Unterteilung hat sowohl inhaltliche wie formale Gründe. *Inhaltlich Gründe* beziehen sich auf den Gegenstandsbereich der Forschung. Bei den Naturwissenschaften wie Physik, Biologie oder Chemie sind es die Naturphänomene, bei den Geisteswissenschaften, zu denen z. B. die Literatur- und Sprachwissenschaften gehören, die Auseinandersetzung mit dem Lebenskontext von Menschen und ihrer Kultur. Bei den Sozialwissenschaften wiederum, zu denen Fächer wie Politik, Philosophie, Psychologie gehören, stehen dann Prozesse und Strukturen des gesellschaftlichen Zusammenlebens im Mittelpunkt. Ein wichtiger inhaltlicher Ordnungsgesichtspunkt ist dabei die Unterscheidung zwischen *Hermeneutik* und *Erfahrung*. Während bestimmte Wissenschaften vor allem durch Deutung und Interpretation zu ihren Ergebnissen kommen (Hermeneutik), die Literaturwissenschaften möchten z. B. den Sinn und die Bedeutung eines Textes *verstehen*, beanspruchen empirische Wissenschaften, wie auch die Psychologie, ihr Wissen durch *Erfahrung* zu generieren. *Formale Gründe* für die Einteilung in Natur-, Sozial- und Geisteswissenschaften liegen in der Notwendigkeit, bestimmte Einzeldisziplinen an Hochschulen zu Fachbereichen zusammenzuschließen. In

Methode, Zielen und Inhalten ähnliche Einzeldisziplinen werden hier zusammengefasst. Es gibt aber auch ganz andere Wissenschaftsklassifikationen, die dem Umstand Rechnung tragen, dass nicht alle Fächer eindeutig einer der drei Bereiche zugeordnet werden können und die Abgrenzung zudem häufig schwierig ist, da sich in vielen Einzelwissenschaften mittlerweile interdisziplinäre Forschungsansätze etabliert haben. Die Psychologie ist dafür ein gutes Beispiel. Sie bedient sich sowohl geisteswissenschaftlicher wie auch naturwissenschaftlicher Methoden und Konzepte und ist daher nur schlecht einer bestimmten wissenschaftlichen Kategorie zuzuordnen. Zudem ist die Trennung zwischen Hermeneutik und Erfahrung viel zu strikt. Eher handelt es sich um komplementäre Methoden, wie man an der Psychologie gut erkennen kann. Sie bedient sich zwar empirischer Methoden, kommt aber spätestens bei der Interpretation der gewonnen Daten oder bei der Ideenentwicklung nicht ohne Deutung und Interpretation aus. Auf der anderen Seite macht sich die Literaturwissenschaft, eine klassische Geisteswissenschaft, durchaus empirische Ansätze zu nutze. Manche meinen daher auch, dass es ohnehin nur eine einzige wissenschaftliche Methode gibt (Albert 1970).

Das Herzstück jeder Wissenschaft sind ihre Theorien, mit denen sie versucht, die Wirklichkeit zu beschreiben. Theorien sind allgemein ein System von Aussagen bzw. Konzepten zur Beschreibung der Welt. Anstatt Theorie könnten wir hier auch von „Sprache" sprechen, denn auch Sprache ist ein System von Konzepten, die in regelhaftem Bezug zueinander stehen und das zur Beschreibung der Wirklichkeit benutzt wird. Stellen wir zur Verdeutlichung dessen, was damit genau gemeint ist, eine einfache wie folgenschwere Behauptung auf, nämlich, dass wir nur das Sehen und Erkennen können, was wir auch kennen. Anstatt hier auf die mit dieser Behauptung einhergehenden philosophischen Implikationen näher einzugehen, möchte ich diese Idee an einem Beispiel plausibel machen. Denken Sie dabei an den letzten Winter. Vielleicht haben auch Sie sich über jede Menge Schnee gefreut. Frage: Wie viele Schneesorten können Sie unterscheiden? Bestimmt Pulverschnee von nassem Schnee. Noch mehr? Vermutlich eher nicht. Eskimos hingegen, können sehr viel mehr Schneearten differenzieren. Die Erklärung dafür ist einfach. Da für Eskimos das Erkennen verschiedener Schneearten mit existenziellen Vorteilen verbunden ist, haben sie auch in ihrer Sprache viele verschiedene Begriffe für verschiedene Schneearten entwickelt. Sie kennen also verschiedene Schneesorten und können sie daher auch unterscheiden. Wir hingegen sind nicht auf die Kenntnis angewiesen, haben nicht so viele Begriffe und kennen und erkennen daher auch nur die für uns relevanten Schneearten. Dieser Zusammenhang zwischen Sprache und Erkennen wird in der sogenannten *Sapir-Whorf*-Hypothese beschrieben (Whorf 1956). Was hat dieses Beispiel nun mit wissenschaftlichen Theorien zu tun? Ganz einfach, Theorien sind ein zusammenhängendes System hypothetische Aussagen über die Welt. Sie beliefern uns also mit mehr oder weniger sicherem Wissen, oft auf unterschiedlichem Abstraktionsniveau. Anhand dieses Wissens können wir nun bestimmte Sachverhalte von anderen differenzieren, sie beschreiben, erkennen, erklären und vorhersagen. Ohne eine Theorie, ohne eine Vorstellung dessen, was das, was ich da gerade betrachte, sein könnte, kann ich es auch nicht identifizieren. Schon die Benennung von Objekten, „dieser Tisch", „der Stuhl" kommt ohne eine vorher schon vorhandene Theorie, die die Dinge erklärt, nicht aus (vgl. dazu das Problem der Basissätze bei Popper 1989). Werden nun viele Aussagen einer Theorie durch Studien als bestätigt angesehen, gibt es dazu nur wenige widersprüchliche Befunde und gibt es auch keine andere Theorien, auf die diese Kriterien ebenfalls zutreffen und die die Sachverhalte sogar noch besser beschreiben, erklären und vorhersagen können, dann wird aus diesem hypothetischen Wissen tatsächliches Wissen, das solange als das gültige Wissen angesehen wird, solange es keine andere, anerkannte und von einer Mehrheit akzeptierte Theorie gibt. In der Terminologie Kuhns (1976) befinden wir uns also in der Phase der *Normalwissenschaft*. Aus Annahmen werden Fakten. Theorien sind Modelle der Welt, sie sind „das Netz, das wir auswerfen, um ‚die Welt' einzufangen – sie zu rationalisieren, zu erklären und zu beherrschen" (Popper 1989, S. 31), wobei uns immer klar sein muss, dass wir die Welt stets nur unvollständig beschreiben können und die Welt auch ganz anders aussehen kann. Theorien sind Annäherungen, die weder zeitlos und kontextlos gelten, noch für jeden denkbaren Einzelfall zutreffen. Aus Fakten können nämlich auch widerlegte Fakten werden.

# Die Psychologie als Wissenschaft 2

Die Psychologie wird ganz allgemein als die Wissenschaft definiert, deren Aufgabe es ist, das Erleben und Verhalten von Menschen zu beschreiben, zu erklären, vorherzusagen und gegebenenfalls Anleitungen zur Modifikation zu geben. Beschreiben, Erklären, Vorhersagen und Verändern sind allesamt Tätigkeiten, die wir aus unserem alltäglichen Leben und Miteinander kennen. Was also ist das Besondere an der Psychologie, was macht die Psychologie als Wissenschaft aus? Worin unterscheidet sie sich von unserer Alltagspsychologie?

Wenn wir im Alltag andere Menschen oder auch uns selbst betrachten, dann tun wir das häufig aus ähnlichen Motiven wie die Wissenschaft. Wir wollen uns über uns oder den anderen im Klaren sein, wissen, wie, warum, wozu wir oder andere uns so verhalten haben oder wie es in Zukunft sein wird. Wir entwickeln dabei sogar Theorien, also ein System von verschiedenen miteinander verbundenen Aussagen, über den anderen oder über uns selbst. „Kein Wunder, er ist ja auch eher schüchtern", „War doch klar, er überschätzt sich immer", typische Aussagen für aus naiven Theorien abgeleiteten Verallgemeinerungen. Erklärungen dieser Art sind wichtig, damit wir uns sicher in einem für uns einigermaßen zuverlässigen Alltagskontext bewegen können und auch zielgerichtet und planvoll handeln können. Oft bilden wir solche Theorien, indem wir ausgehend von einer Situation, einem Erleben auf die Allgemeinheit schließen. Allgemein nennt man so ein Vorgehen, vom Besonderen auf das Allgemeine zu schließen, induktives Vorgehen. Im Gegensatz dazu spricht man von deduktivem Vorgehen, wenn wir umgekehrt vom Allgemeinen auf das Spezifische schlussfolgern. Im Alltag legen wir keinen Wert darauf, dass unsere Theorien auch überprüfbar sind oder sich tatsächlich begründen lassen. Es reicht uns meistens, wenn wir ein einigermaßen sicheres Gefühl in Bezug auf unsere Annahmen haben und sich daraus eine plausible Erklärung ableiten lässt. In der wissenschaftlichen Psychologie gibt es dagegen für die Erklärung der Wirklichkeit konkurrierende Theorien. Manchmal unterscheiden sich die

© Springer Fachmedien Wiesbaden 2016

P. M. Bak, *Wie man Psychologie als empirische Wissenschaft betreibt*, essentials,

DOI 10.1007/978-3-658-11130-4_2

Wettbewerber nur in Nuancen, manch anderes Mal dagegen sind die Unterschiede gravierender. Welche Möglichkeiten gibt es nun, zu entscheiden, welche der Annahmen die besseren sind? Diese Frage ist alles andere als einfach. Zum einen muss bedacht werden, dass Theorien immer vor ihrem disziplinären Hintergrund zu sehen sind. Bestimmte Sachverhalte lassen sich aber meistens mit mehreren Theorien (oder Sprachen) beschreiben, ohne dass es möglich ist, zu entscheiden, welche Theorie die überlegene ist. Ob eine Theorie gut oder schlecht ist, hängt auch von dem Zweck ab, mit dem die Beschreibung und Erklärung gerade erfolgen soll. Jede Fachdisziplin stellt dabei spezielle Fragen, die dann ebenso spezielle Erklärungen verlangen, wobei sich verschiedene Erklärungen nicht unbedingt widersprechen müssen. Interessiert sich die Neuropsychologie für den Zusammenhang zwischen hirnphysiologischen und psychologischen Prozessen, untersucht die Sozialpsychologie eher die Auswirkungen andere Menschen auf das individuelle Verhalten und Erleben. Die jeweils verwendeten Konzepte (Sprache) unterscheiden sich daher. Die Suche nach der immer und überall besten Theorie macht daher keinen Sinn. Dennoch lassen sich disziplinübergreifend einige Kriterien festhalten, die auf gute Theorien ganz allgemein zutreffen. Maltby, Day und Macaskill (2011) nennen folgende Kriterien:

Eine gute psychologische Theorie

- muss empirischen Gehalt besitzen, also Vorhersagen erlauben, die empirisch prüfbar sind und damit grundsätzlich auch falsifizierbar sein (*Falsifizierbarkeit*),
- soll die Komplexität der beobachteten Verhaltens- und Erlebnisweisen reduzieren (*Beschreibung*),
- soll helfen, die Gründe für das Verhalten und Erleben zu verstehen und dies auch zu erklären (*Erklärung*),
- beschreibt das Verhalten und Erleben möglichst vollständig (*Vollständigkeit*),
- ist dennoch hinsichtlich der zur Erklärung herangezogenen Konzepte möglichst sparsam (*Sparsamkeit*),
- regt zu weiteren Forschungsbemühungen an (*heuristischer Wertgehalt*),
- und hat einen praktischen Nutzen (*Praxiswert*).

Ergänzen kann man diese Liste noch um die Punkte *Widerspruchsfreiheit*, eine Theorie darf keine widersprüchlichen Aussagen enthalten und muss in sich konsistent sein, sowie *Verträglichkeit*, d. h. die sollte sich mit anderen bewährten Theorien vertragen.

# Das Wesen wissenschaftlicher Erklärungen

3

Als Menschen, Privatperson oder Wissenschaftler, sind wir auf der Suche nach plausiblen, sicheren, zuverlässigen, verstehbaren, nicht zu komplexen Aussagen, Erklärungen, Beschreibungen unserer Welt. „So ist die Welt", oder zumindest „So könnte die Welt sein" sind Aussagen, die uns Sicherheit geben und es uns ermöglichen, mit unserer internen wie externen Umwelt zielgerichtet und planvoll zu interagieren. Meistens kommen wir zu diesen Aussagen zunächst durch Beobachtung von Einzelfällen, Gedankenarbeit, Intuition oder spontanen Einfällen. Wir gehen dann häufig von der Allgemeingültigkeit dieser speziellen Erfahrung, Beobachtung oder Idee aus. Wir haben das eben bereits als *Induktion* bezeichnet. Während uns das als Privatperson dann häufig schon ausreicht, geht der Wissenschaftler einen Schritt weiter. Er prüft diese Aussagen danach, ob sie mit dem bisherigen Wissen zu dem Sachverhalt übereinstimmen und wie sich daraus ein System widerspruchsfreier Aussagen über die Welt bilden lässt. Dabei wird der Rahmen, der durch die konkrete Beobachtung vorgegeben wird verlassen und Allgemeingültigkeit postuliert. Es geht ja nicht darum, eine Erklärung nur für diesen Einzelfall zu finden, sondern ausgehend von der erschöpfenden Erklärung des Einzelfalls Annahmen über die Welt als solche zu finden, um dann auch für andere Fälle eine Erklärung parat zu haben. Ziel ist es, eine Theorie zu entwickeln, die anhand ihrer allgemeinen Weltannahmen, Aussagen über noch nicht betrachtete Einzelfälle ermöglicht, einen Prozess, den wir als *Deduktion* bezeichnet haben. Induktion und Deduktion lassen sich demnach als zwei Methoden ansehen, die sich im wissenschaftlichen Prozess gegenseitig ergänzen (vgl. Abb 3.1). Einfach formuliert: Die Induktion bringt uns auf neue theoretische Gedanken, die Deduktion liefert uns die theoretische Erklärung. Wissenschaftliche Erklärungen haben dabei folgende Struktur:

X ist der Fall, weil Y eingetreten ist.

© Springer Fachmedien Wiesbaden 2016

P. M. Bak, *Wie man Psychologie als empirische Wissenschaft betreibt*, essentials,

DOI 10.1007/978-3-658-11130-4_3

**Abb. 3.1** Zusammen-
hang von Induktion und
Deduktion im Prozess der
Theoriebildung

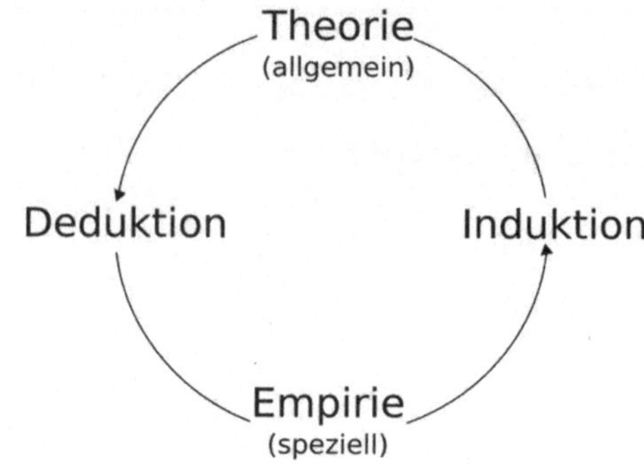


In Erklärungen werden also Gründe für einen Sachverhalt angegeben, Gründe, die *zwingend* bestimmte Folgen hatten. Wir sprechen hier auch von *Kausalursache*, sprachlich zu identifizieren durch das Wörtchen „weil". Die Verursachung liegt zeitlich *vor* der Folge. Etwas formaler nennt Karl Popper einen Vorgang *kausal* erklärt, wenn es einen Satz gibt, der diesen Vorgang beschreibt und der aus „Gesetzen und Randbedingungen" deduktiv abgeleitet ist (Popper 1989, S. 32). Unter Gesetzen werden dabei allgemein gültige Sätze, Naturgesetze, z. B. „Immer wenn Wasser auf Temperaturen unter Null abgekühlt wird, gefriert es" verstanden. Naturgesetze können als deterministische Aussagen verstanden werden („Immer wenn, dann"). Die Randbedingungen, von denen Popper spricht, meinen dagegen Sätze, die für den konkreten Fall zutreffen, z. B. „Dieses Wasser besitzt eine Temperatur unter Null". Diese Randbedingung ist die Ursache dafür, dass das Wasser zu Eis gefriert. Eine vollständige kausale Erklärung ergibt sich nach Popper aber erst, wenn man beide Sätze, also allgemeine Gesetze und spezifische Randbedingungen gleichzeitig berücksichtigt.

Wenn wir von Kausalursachen sprechen, dann berühren wir mit dem Thema *Kausalität* wiederum ein alles andere als eindeutiges Konzept (siehe dazu Stegmüller 1983). Wir wollen hier darauf nicht näher eingehen, zumindest aber zwischen monokausal und multikausal unterscheiden. *Monokausal* meint, es gibt genau ein Ereignis, was ein anderes Ereignis verursacht. Mit *multikausal* dagegen beschreiben wir den Tatbestand, dass mehrere Ursachen eine Rolle spielen oder dass die Ursachen in einer *Kausalkette* nach folgendem Schema angeordnet sind: A verursacht B, B verursacht C, C verursacht D, wobei gelten muss, dass die einzelnen Ursachen zeitlich nacheinander auftreten und voneinander abhängig sein müssen, wie in folgendem Beispiel: Leo lässt die Tasse auf den Boden fallen, der Kaffee spritzt auf Leas Kleid, Lea lässt vor lauter Schreck das Glas fallen. Kausalität hat also einen regelhaften, einen unausweichlichen Charakter. David Hume hat es so formuliert: „Dem entsprechend kann man die Ursache definiren, *als einen Gegenstand, dem ein anderer folgt, und wo alle dem ersten ähnlichen Gegenstände, solche, die dem zweiten ähnlich sind, zur Folge haben.* Oder mit anderen Worten: *wo, wenn das erste Ding nicht gewesen wäre, das zweite niemals hätte entstehen können*" (Hume 2012).

Die Überlegungen Poppers flossen später auch in das sogenannte *deduktiv-nomologische Erklärungsmodell* (bekannt auch nach seinen beiden Autoren als Hempel-Oppenheim-Schema, im Folgenden HO-Schema), das trotz Kritik nach wie vor auch heute als das grundlegende Modell wissenschaftlicher Erklärung angesehen wird (Hempel und Oppenheim 1948). Das HO-Schema besitzt folgende aussagenlogische Struktur:

| | |
|---|---|
| *Gesetz:* | Wenn A, dann B |
| *Randbedingung:* | es gilt A |
| - - - - - - - - - - - - - - - - - - - - - *(daraus folgt)* | |
| *Ableitung:* | es gilt B |

Im Detail besteht das Modell aus zwei Teilen. Zum einen aus dem, was es zu erklären gilt (das *Explanandum*), zum anderen aus der Erklärung (*Explanans*). Das *Explanans* wiederum setzt sich, wie bei Popper formuliert, aus allgemeinen Gesetzesaussagen und empirischen Randbedingungen zusammen. Formal sieht eine deduktiv-nomologische Erklärung damit folgendermaßen aus:

**Explanans:**

$Gesetz_1$, ..., $Gesetz_n$

$Bedingung_1$, ..., $Bedingung_n$

- - - - - - - - - - - *(daraus folgt)*

**Explanandum**

Auf unser Beispiel mit dem Wasser angewendet bedeutet das:

**Explanans**:

*Gesetz*: Jedes Mal, wenn Wasser unter Normaldruckbedingungen auf eine Temperatur unter Null gebracht wird, dann gefriert es.

*Bedingung$_1$*: Dies ist Wasser unter Normaldruckbedingungen.

*Bedingung$_2$*: Die Temperatur ist unter Null.

- - - - - - - - - - - - - - - - - - - - - - -

**Explanandum**:
    Das Wasser gefriert.

Damit eine Erklärung korrekt ist, müssen nach Hempel und Oppenheim (1948) allerdings noch weitere Randbedingungen (R) erfüllt sein, nämlich:

- Logische Adäquatheitsbedingungen
  - ($R_1$) Das Explanandum muss eine logische Konsequenz aus dem Explanans sein, andererseits wäre das Explanans kein Grund für das Explanandum.
  - (R2) Das Explanans muss mindestens ein allgemeines Gesetze enthalten, das zur Erklärung notwendig ist.
  - (R3) Das Explanans muss einen empirischen Inhalt besitzen, d. h., es muss empirisch, durch Experimente oder Beobachtungen prüfbar sein.
- Empirische Adäquatheitsbedingung
  - (R4) Die Sätze des Explanans müssen wahr sein (abgeschwächte Form: Die Sätze müssen bestätigt sein).

$R_1$ drückt aus, dass das Explanandum unweigerlich eintritt, wenn das Explanans gilt. $R_1$ entspricht daher dem, was wir als Kausalursache beschrieben haben. $R_2$ legt fest, dass einen allgemeine Aussage (was alles der Fall sein könnte) zur Erklärung nicht ausreicht, wir vielmehr eine Gesetzesaussage benötigen. Eine Gesetzesaussage wird durch die Worte „Jedes Mal" oder „Immer" beschrieben: „Immer wenn A, dann B".

Was wir unter einer *Gesetzesaussage* verstehen wollen, das kann man sich auch durch folgendes Gedankenexperiment verdeutlichen. Gehen wir zunächst von der Aussage „Immer, wenn A, dann B" aus. Um zu prüfen, ob es sich dabei um eine Gesetzesaussage handelt, können wir uns folgende Frage stellen: Angenommen, A trifft gerade nicht zu. Würde B dann im konkreten Fall eintreten, wenn A eintreten würde? Wird diese Frage, die man als *kontrafaktischen Konditionalsatz* bezeichnet, mit „ja" beantwortet, dann handelt es sich offenbar bei unserer Aussage „Immer, wenn A, dann B" ganz in dem eben von Hume (2012) beschriebenen Sinne um eine Ursache, besser Gesetzesaussage. Warum diese Unterscheidung wichtig ist, lässt sich noch besser an einem anderen Beispiel verdeutlichen. Nehmen wir dazu diese Aussage:

**Aussage A**: Alle massereichen Körper fallen auf den Boden, wenn sie in die Luft geworfen werden.

Handelt es sich dabei um ein Gesetz? Dies können wir über den kontrafaktischen Konditionalsatz testen:

**Aussage B**: Der vorliegende massereiche Körper (der Stift z. B.) würde, sofern er in die Luft geworfen wird, wieder auf die Erde zurückfallen.

Können wir diese Frage mit „ja" beantworten, dann ist Aussage A offenbar ein Gesetz. Betrachten wir zur weiteren Verdeutlichung eine Aussage, die sich ganz ähnlich liest, die aber kein Gesetz darstellt:

**Aussage A'**: Alle Hühnereier, die sich zur Zeit in meinem Kühlschrank befinden, sind gekocht.

Schauen wir uns den kontrafaktischen Konditionalsatz dazu an:

**Aussage B'**: Würde sich zum Zeitpunkt $t$ ein Ei in meinem Kühlschrank befinden, dann wäre es gekocht.

Sofort wird ersichtlich, dass Aussage B' falsch ist, denn es war gerade den Umständen geschuldet, dass bei meiner ersten Beobachtung A', alle Eier in meinem Kühlschrank gekocht waren, es war keine Notwendigkeit! Aussage A ist damit ein Gesetz, Aussage A' dagegen nicht.

Zurück zum HO-Schema. Die letzte logische Adäquatheitsbedingung $R_3$ meint, dass die Aussagen, die zur Erklärung dienen, auch feststellbar sein müssen, andernfalls könnte ich für einen konkreten Fall keine Erklärung abgeben, da ich nie sicher wäre, dass die Aussagen auch zutreffen. $R_4$, die empirische Adäquatheitsbedingung schließlich, verlangt von einer Gesetzesaussage, dass sie schon einmal geprüft wurde und sich als richtig herausgestellt hat, andernfalls ist es nur eine *Behauptung*.

In psychologische Erklärungen findet man im Explanans allerdings keine Naturgesetze, aus denen sich im Zusammenspiel mit den herrschenden Randbedingungen eine Kausalerklärung für das Explanandum ableiten ließe. Psychologische Gesetzesaussagen sind vielmehr Aussagen, die für viele Fälle zutreffen, aber eben nicht für alle. Daher sind auch Vorhersagen für einen ganz konkreten Fall nicht möglich. Wir müssen also offensichtlich zwischen *deterministischen Aussagen* und *probabilistischen (statistischen) Aussagen* unterscheiden. Im ersten Fall ist die Folge unausweichlich mit der Ursache verbunden, im zweiten Fall wird lediglich die Wahrscheinlichkeit für das Eintreten erhöht. Um diesen Unterschied zu verdeutlichen betrachten wir nochmals die deterministische Erklärung:

*Gesetz*: Wenn A, dann B

*Bedingung*: A

- - - - - - - - - - - - - - -

*Folge*: B

Die probabilistische Erklärung besitzt zwar die gleiche Struktur, jedoch mit einer Relativierung:

*Gesetz*: Wenn A, dann mit hoher Wahrscheinlichkeit B

*Bedingung*: A

- - - - - - - - - - - - - - - - - - - - - -

*Folge*: Mit hoher Wahrscheinlichkeit B


Weitere probabilistische Aussagen sind z. B. „Wenn A, dann mit einer Wahrscheinlichkeit von über 50 % B" oder „Wenn A, dann steigt die Wahrscheinlichkeit von B".

An diese Stelle noch ein Wort zu den Begriffen *Erklärung* und *Vorhersage*. Im deterministischen Fall sind Erklärung und Vorhersage identisch, im probabilistischen Fall dagegen ist die Erklärung in sofern von der Vorhersage zu unterscheiden, dass die Erklärung ja auf ein bereits vergangenes Verhalten verweist, die Vorhersage ein Verhalten in der Zukunft erklären möchte. Letzteres ist aber womöglich durch zahlreiche weitere Faktoren, die aktuell gar nicht berücksichtigt werden können, beeinflusst. So können sich innerhalb der betrachteten Person Veränderungen ergeben haben, die die gestrigen Prämissen und Randbedingungen heute ungültig oder unzutreffend werden lassen. Deshalb sind Vorhersagen nur unter einer Einschränkung möglich:


Wenn zum Zeitpunkt $t_n$ A gilt, dann tritt *ceteris paribus* zum Zeitpunkt $t_{n+1}$ B wahrscheinlich ein

Zum Zeitpunkt $t_n$ gilt A

- - - - - - - - - - - - - - - - - - - - - -

B trifft wahrscheinlich zu $t_{n+1}$ ein.


Mit dem Einschub *ceteris paribus* ist wörtlich gemeint, „bei gleichen Dingen", was meint, dass ein Ereignis morgen auf Grundlage eines Ereignisses heute nur dann vorhergesagt werden kann, wenn sich die Zustände heute und morgen in allen anderen Randbedingungen nicht verändern. Es wird sofort deutlich, dass es genau diese Einschränkung ist, die die Güte der Vorhersage probabilistischer Aussagen einschränkt. Deterministische Gesetzte gelten immer, unabhängig von den Randbedingungen heute und morgen. Bei probabilistischen Gesetzen ist dies nicht der Fall.

# Das Prinzip der Falsifikation

**4**

Innerhalb der empirischen Wissenschaften ist die Falsifizierbarkeit eines der zentralen Merkmale, das eine gute Theorie besitzen muss. Mit Falsifizierbarkeit ist dabei gemeint, dass es grundsätzlich möglich sein muss, dass sich die theoretischen Annahmen als falsch erweisen. Andernfalls macht eine empirische Prüfung unserer Annahmen schlichtweg keinen Sinn. Es bleibt bei der *Behauptung*, die niemand prüfen kann. Generell ist eine Aussage dann falsifizierbar, wenn es mindestens ein Ereignis, genauer genommen, einen Beobachtungssatz als intersubjektive Übereinstimmung einer sinnlichen Erfahrung gibt, der der theoretischen Aussage widerspricht. Ein Beispiel für eine falsifizierbare Aussage ist der Satz: „Morgen um 8 Uhr regnet es hier". Ob diese Aussage wahr oder falsch ist, können wir dadurch klären, dass wir morgen mehrere voneinander unabhängige Beobachter positionieren und ihnen die Aufgabe geben, festzustellen, ob es regnet oder nicht. Kann sein, kann aber auch nicht sein. Eine Aussage wie „Morgen um 8 Uhr regnet es hier oder es regnet nicht" ist dagegen *prinzipiell* nicht falsifizierbar, unabhängig von jeder Beobachtung. Dieser Satz ist eine *Tautologie*, er ist immer wahr! Eine empirische Prüfung ist sinnlos.

Noch eine weitere Unterscheidung ist hier von Bedeutung, die zwischen *synthetischen* und *analytischen* Sätzen. Der Wahrheitsgehalt eines analytischen Satzes ergibt sich aus dem in ihm enthaltenen Konzeptbedeutungen und ihrer gegenseitigen Bezüglichkeit. Ein *analytischer Satz* wie „Alle Junggesellen sind unverheiratet" wird dann von uns als wahr erkannt, wenn wir ihn verstehen (Jordan 2011). Er ist *a priori* wahr, also vor jeder Erfahrung! Der Satz ist eine *Tautologie*, d. h. er ist immer war, weil der Begriff Junggeselle genau so definiert ist! Auch kann-Aussagen, z. B. „Morgen kann es regnen" sind Tautologien, denn sie können sich empirisch nicht als falsch herausstellen. Der Wahrheitsgehalt anderer Sätze ergibt sich dagegen nicht schon aufgrund des Satzverständnisses, sondern hängt davon ab, was in der Welt der Fall ist. Diese Sätze nennen wir *synthetische Sätze*. „Alle Junggesellen

© Springer Fachmedien Wiesbaden 2016       15
P. M. Bak, *Wie man Psychologie als empirische Wissenschaft betreibt*, essentials,
DOI 10.1007/978-3-658-11130-4_4

heißen Peter" ist ein solcher Satz. Wir verstehen seine Bedeutung, können über seine Wahrheit aber erst dann urteilen, wenn wir die Empirie bemühen. Die Gültigkeit eines synthetischen Satzes können wir also erst *a posteriori*, nach der Erfahrung, entscheiden. Dieser Umstand hat direkte Auswirkungen auf die Vorgehensweise beim Hypothesentest, worauf wir später noch eingehen werden. Theorien müssen also, um dem Kriterium der Falsifizierbarkeit gerecht zu werden, synthetische Sätze beinhalten. Das haben wir weiter vorne bereits als Randbedingung $R_3$ im Hempel-Oppenheim-Schema kennengelernt: Das Explanans muss einen empirischen Inhalt besitzen, d. h., es muss empirisch, durch Experimente oder Beobachtungen prüfbar sein.

Dass diese Forderung alles andere als nur theoretisch ist und gerade für psychologische Forschungsprogramme bedeutsam ist, und dass wir in der empirisch-psychologischen Forschung häufig gar keine empirischen Hypothesen testen, darauf hat uns Brandtstädter (z. B. 1993) hingewiesen. Einige Beispiele dazu. Überdenken Sie folgenden Annahmen: „Depressive Personen haben die Hoffnung verloren, bedeutsame Lebensziele zu erreichen" (vgl. Brandtstädter 1993). „Eifersüchtige Personen misstrauen ihren Partnern eher", „Je narzisstischer eine Person, desto stärker stellt sie sich in Social Media Plattformen dar". Alle drei Annahmen scheinen auf den ersten Blick durchaus sinnvolle empirische Hypothesen darzustellen. Bei genauerer Betrachtung entpuppen sie sich jedoch als analytische Sätze, die sich aus formalen und begrifflichen Gründen einer Falsifikation entziehen. So ist Hoffnungslosigkeit ja gerade ein Merkmal einer als depressiv bezeichneten Person. Und natürlich ist Misstrauen ein Merkmal von Eifersucht, ebenso wie die Selbstdarstellung bereits konzeptuell zum Narzissmus gehört. In allen drei Fällen kann uns die Empirie also nichts über den Wahrheitsgehalt der Annahmen sagen, da die Annahmen rein aus begrifflichen, semantischen Gründen *a priori* bereits wahr sind. Was aber wäre, wenn wir tatsächlich beobachten würden, dass unsere depressive Person voller Zuversicht in Bezug auf ihre Ziele ist, dass die eifersüchtige Person ihrem Partner vollkommen vertraut und dass der Narzisst sich nicht mehr selbst darstellt, als ein ganz gewöhnlicher Social Media Nutzer? Würden wir tatsächlich hypothesenkonträre Ergebnisse finden, so würde das vor allem nahelegen, dass wir offenbar fehlerhaft gemessen haben oder fälschlicherweise die Begriffe Eifersucht, Depression und Narzissmus verwendet haben oder, dass die von uns untersuchten Personen die Fragen falsch verstanden haben. Klar ist, der Erkenntnisgewinn ist in diesen Fällen, bei denen es keine Unabhängigkeit zwischen Explanandum und Explanans gibt, natürlich nicht der, den man sich erhofft hat. Definitionen sind eben nicht falsifizierbar! Wenn wir demnach von empirischen Studien tatsächlich Erkenntnisse über die Gültigkeit von theoretischen Annahmen gewinnen möchten, müssen Annahmen und empirische Beobachtungen begrifflich unabhängig sein.

Aber warum wollen wir eigentlich Annahmen widerlegen? Ist es nicht besser, Annahmen zu beweisen? Das wäre vielleicht schön, es ist aber schlicht und einfach nicht möglich (Popper 1989). Ein kleines Gedankenexperiment soll das verdeutlichen. Angenommen wir wollten die Aussage „Alle Eichhörnchen vergraben im Herbst Nüsse" beweisen. Dann reicht es natürlich nicht aus, dass wir das entsprechende Verhalten bei ein paar Eichhörnchen beobachten, damit die Aussage bewiesen ist. Es reicht auch nicht aus, wenn wir 1000 Tiere beobachten. Es reicht noch nicht einmal aus, wenn wir alle gerade lebenden Tiere beobachten könnten. Denn es kann morgen bereits ein Eichhörnchen geboren werden, dass im Herbst keine Nüsse vergräbt. Wir können uns also, unabhängig von der Anzahl an Beobachtungen, nie sicher sein, dass es nicht doch einmal anders kommt. Bei empirischen Sätzen der Form „Immer wenn A, dann B" oder „Jedes Mal, wenn A, dann B" wäre ein Beweis der Richtigkeit nur dann möglich, wenn wir jedes Ereignis A, das möglich ist, heute wie morgen, unter allen Umständen, betrachten und jeweils prüfen, ob B eingetreten ist oder nicht. Da es jedoch unendlich viele Auftreten des Ereignisses A geben kann, ist ein Beweis unmöglich. Im Gegensatz dazu können wir aber die Falschheit der Annahme einfach belegen. In unserem Beispiel reicht schon das Aufspüren eines einzigen Eichhörnchens aus, um die gemachte All-Aussage zu widerlegen. Je mehr Sätze es gibt, die mit der Theorie unvereinbar sind, je präziser die Theorie formuliert ist, desto größer ist dann ihr *empirischer Gehalt* (Popper 1989). Folgt man dieser Argumenten, dann wird klar, dass Formulierungen wie „Wissenschaftler haben bewiesen, dass…" aus der Perspektive einer empirischen Wissenschaft nicht haltbar sind.

In Bezug auf die empirischen Sozialwissenschaften, die in ihren Erklärungen auf probabilistische Aussagen setzen, ergibt sich noch ein weiteres grundlegendes Problem. Wie Popper (1989) klarstellt, lassen sich Wahrscheinlichkeitsaussagen nicht falsifizieren. Das liegt daran, dass sich aus ihnen keine singuläre Prognose ableiten lässt. Für die Vorhersage bzw. Erklärung eines konkreten Einzelfalls reicht die Kenntnis über die Wahrscheinlichkeit des Eintretens eines Ereignisses nicht aus. Ist meine Annahme falsch, wenn das Ereignis nicht eingetreten ist? Diese Frage ist nicht zu beantworten, da bei Wahrscheinlichkeitsaussagen eben auch das Nichteintreten eine Wahrscheinlichkeit besitzt. Popper schreibt dazu: „durch noch so viele und günstige Versuchsergebnisse kann nicht endgültig bestätigt werden, daß die relativen Häufigkeiten beim Münzwurf ½ und zwar *immer* ½ sind" (Popper 1989, S. 146). Und an anderer Stelle: „Nach unserer Auffassung sind jedoch die Wahrscheinlichkeitsaussagen, wenn man sich nicht dazu entschließt, sie durch die Einführung einer methodologischen Regel falsifizierbar zu machen, eben wegen ihrer völligen Unentscheidbarkeit *metaphysisch*. Die Folge ihrer Nichtfalsifizierbarkeit ist dann nicht, daß sie sich etwa ‚besser' oder ‚schlechter' oder auch nur

‚mittelgut' bewähren können, sondern sie können sich dann *überhaupt nicht empirisch bewähren*" (Popper 1989, S. 208). Wenn das so ist, dann stünden wir in den Sozialwissenschaften am Ende mit unseren probabilistischen Hypothesen mit leeren Händen dar. Wie also geht man mit diesem Problem um? Popper selbst gibt uns dafür schon einen Hinweis, in dem er, wie gerade zitiert, „die Einführung einer methodologischen Regel" ins Spiel bringt.

# Der Signifikanztest als methodologische Regel

5

Der unmittelbare Zweck einer empirischen Studie ist es, Daten in Bezug auf eine vorher definierte Fragestellung zu sammeln. Am Ende der Datensammlung steht dann die Datenauswertung und eine *Entscheidung*, nämlich, ob die Daten zu den gemachten Annahmen passen, oder mit anderen Worten, ob die Hypothesen bestätigt werden konnten oder falsifiziert wurden. Wahrscheinlichkeitshypothesen entziehen sich jedoch einer Falsifikation. Daher benötigen wir ein Kriterium, das empirisch prüfbar, d. h. falsifizierbar ist, um zu einer Entscheidung zu gelangen. In den Sozialwissenschaften ist dieses Kriterium das *Signifikanzniveau*. Damit lässt sich anhand der gewonnenen Daten mit Hilfe eines Signifikanztests (Fisher 1956) ermitteln, ob eine vorher aufgestellte Hypothese verworfen (falsifiziert) wird, oder ob sie als bestätigt angesehen werden kann. Schauen wir uns die Hypothesen etwas genauer an.

## 5.1 Hypothesen sind prüfbare Aussagen

Eine Hypothese kann ganz allgemein als ein empirisch prüfbarer Satz verstanden werden, eine Behauptung also, die richtig oder falsch sein kann, die grundsätzlich falsifizierbar ist. Die Abgrenzung zur Theorie ist nicht immer ganz scharf. In der Psychologie sprechen wir immer dann von Theorien, wenn damit ein ganzes System von Annahmen gemeint ist, von denen sich einige womöglich einer direkten empirischen Prüfung entziehen, da sie nicht direkt beobachtbar sind, weil sie sich auf *psychologische Konstrukte* beziehen (z. B. Intelligenz). Hypothesen sind dann aus übergeordneten Theorien abgeleitete, prüfbare Einzelaussagen, wobei es ganz unterschiedliche Hypothesenarten gibt. So lassen sich, wie weiter vorne bereits beschrieben, deterministische und probabilistische Annahmen differenzieren. Sie haben formal folgende Struktur:

© Springer Fachmedien Wiesbaden 2016

P. M. Bak, *Wie man Psychologie als empirische Wissenschaft betreibt*, essentials,

DOI 10.1007/978-3-658-11130-4_5

*Deterministische Hypothese*  Immer wenn x, dann y.

*Probabilistische Hypothese*  Wenn x, dann wahrscheinlich y (oder je mehr x, desto mehr y).

Darüber hinaus können Annahmen, die einen Unterschied zwischen zwei oder mehreren Gruppen in Bezug auf ein Merkmal postulieren (*Unterschiedshypothesen*) von Annahmen, die einen Zusammenhang zwischen den Ausprägungen zweier oder mehrerer Merkmale (*Zusammenhangshypothesen*) annehmen, unterschieden werden.

*Beispiel einer Unterschiedshypothese*  Führungskräfte, Angestellte und Freiberufler unterscheiden sich in ihrer Arbeitszufriedenheit.

*Beispiel einer Zusammenhangshypothese*  Je höher der Konsum aggressiver Medieninhalte, desto mehr aggressive Gedanken.

Und schließlich lassen sich noch gerichtete von ungerichteten Hypothesen unterscheiden.

*Beispiel für eine gerichtete Hypothese*  Männer haben ein besseres räumliches Vorstellungsvermögen als Frauen.

*Beispiel für eine ungerichtete Hypothese*  Männer und Frauen unterscheiden sich in ihrem räumlichen Vorstellungsvermögen.

Wie kann man nun auf Basis gesammelter Daten Aussagen über die Gültigkeit der Annahmen treffen, wenn wir doch gleichzeitig wissen, dass sich Hypothesen nicht beweisen lassen? Ganz einfach: Man behauptet einfach das Gegenteil dessen, was man eigentlich annimmt und prüft, wie wahrscheinlich es angesichts der erhobenen Daten ist, dass diese Gegenhypothese zutrifft. Ist diese Wahrscheinlichkeit, die man als *Irrtumswahrscheinlichkeit* bezeichnet, sehr gering, dann sieht man – bis auf weiteres – die Gegenhypothese als falsifiziert, die eigentlich interessierende Annahme dagegen als bestätigt an. Überschreitet die Irrtumswahrscheinlichkeit allerdings einen bestimmten Wert, dann verwirft man die Hypothese zugunsten der Gegenhypothese. Schauen wir uns diesen Vorgang im Detail an und gehen von folgender Forschungshypothese aus:

Männer besitzen ein besseres räumliches Vorstellungsvermögen als Frauen.

Es lassen sich nun prinzipiell zwei Welten denken. In einer Welt trifft die Annahme zu, in der anderen Welt trifft genau das Gegenteil zu. Die empirisch zu entscheidende Frage lautet daher: Welche Annahme über die Welt passt besser zu unserer tatsächlichen Welt? Schauen wir uns an, wie man dieses Entscheidungsproblem in statistischer Form, etwas formaler beschreiben kann. Zunächst wird die Forschungshypothese als *Alternativhypothese $H_1$* bezeichnet und vereinfacht so formuliert.

$H_1$: Vorstellungsvermögen Männer > Vorstellungsvermögen Frauen.

Für alle dieser Annahme widersprechende Ereignisse wird die Gegenhypothese, *Nullhypothese $H_0$* genannt, formuliert:

$H_0$: Vorstellungsvermögen Männer $\leq$ Vorstellungsvermögen Frauen.

Generell beinhaltet die Nullhypothese also keine alternative Erklärung, etwa Annahmen, die aus einer konkurrierenden Theorie abgeleitet wurden, sondern bildet nur das Negativbild der Alternativhypothese. Wir erinnern uns an das Beispiel mit dem Eichhörnchen. Ich kann zwar durch Beobachtung nicht beweisen, dass alle Eichhörnchen im Herbst Nüsse vergraben, es reicht aber ein Eichhörnchen aus, das keine Nüsse vergräbt, um die Annahme zu falsifizieren. Die Logik von Alternativ- und Nullhypothese ist analog zu sehen.

Bei Unterschiedshypothesen lassen sich damit folgende Fälle denken:

| | |
|---|---|
| $H_1 : A > B$ | $H_0 : A \leq B$ |
| $H_1 : A < B$ | $H_0 : A \geq B$ |
| $H_1 : A = B$ | $H_0 : A \neq B$ |
| $H_1 : A \neq B$ | $H_0 : A = B$ |

Bei Zusammenhanghypothesen ist die Nullhypothese entsprechend die Formulierung eines nicht vorhandenen Zusammenhangs, z. B.:

$H_1$: Je höher der Konsum aggressiver Medieninhalte, desto mehr aggressive Gedanken.

$H_0$: Es besteht kein linearer Zusammenhang zwischen dem Konsum aggressiver Medieninhalte und aggressiven Gedanken.

Entsprechend der Forschungslogik, wonach wir niemals den Wahrheitsgehalt einer empirischen Annahme beweisen können, wohl aber das Nichtzutreffen belegen können, wird in statistischen Testverfahren nun nicht die eigentlich interessierende Alternativhypothese getestet, sondern es wird geprüft, wie wahrscheinlich die Nullhypothese ist, berücksichtigt man die Daten, die man in der Studie gewonnen hat. Ist diese Wahrscheinlichkeit äußerst gering, in den empirischen Wissenschaften hat sich für die Irrtumswahrscheinlichkeit ein Wert geringer als 5 % eingebürgert, dann sieht man die Nullhypothese $H_0$ praktisch als verworfen an und behält die Alternativhypothese $H_1$ vorläufig als bestätigt an. Allerdings müssen wir dabei zwei prinzipielle Fehler berücksichtigen, den sogenannten $\alpha$-Fehler und den $\beta$-Fehler.

## 5.2　α-Fehler und β-Fehler

Wenn die Gültigkeit unserer Hypothesen durch das Testen der Gegenhypothese bestimmt werden soll, müssen wir uns fragen lassen, wie wir denn auf Basis der erhobenen Daten überhaupt zu dieser Entscheidung gelangen können, prüfen wir doch in aller Regel nicht alle vorkommenden Ereignisse, die für oder gegen die Nullhypothese sprechen, sondern betrachten eine Teilmenge aller möglichen Ergebnisse. Das kann zweierlei für unser Ergebnis bedeuten. Es kann sein, dass unser Ergebnis nur zufällig die $H_1$ stützt, obwohl in Wahrheit die $H_0$ gilt. Anders formuliert: Die $H_0$ wird verworfen, obwohl sie zutrifft! Diesen Fehler nennt man $\alpha$-Fehler. Es kann aber auch umgekehrt sein, dass in Wirklichkeit die $H_1$ gilt, wir aber zufällig Daten haben, die für die $H_0$ sprechen. Diesen Fehler bezeichnet man als $\beta$-Fehler. Anders formuliert: Die $H_1$ wird verworfen, obwohl sie zutrifft! Wir können also auf Basis der von uns erhobenen Daten richtige Entscheidungen treffen, wir können aber auch falsche Entscheidungen treffen. Die folgende Übersicht zeigt die möglichen Entscheidungen und die entsprechenden Fehler.

|  |  | In Wahrheit gilt | |
| --- | --- | --- | --- |
|  |  | $H_0$ | $H_1$ |
| Aufgrund der erhobenen Daten entscheiden wir uns für | $H_0$ | Richtige Entscheidung; Wahrscheinlichkeit $1-\alpha$ | $\beta$-Fehler; Wahrscheinlichkeit $\beta$ |
|  | $H_1$ | $\alpha$-Fehler; Wahrscheinlichkeit $\alpha$ | Richtige Entscheidung; Wahrscheinlichkeit $1-\beta$; |

Beide Fehler lassen sich spezifizieren und unter Zuhilfenahme verschiedener (geschätzter) Parameter berechnen (siehe dazu z. B. Bortz und Döring 2006). Ist die Irrtumswahrscheinlichkeit $\alpha$ kleiner oder gleich 5 %, so sprechen wir von einem signifikanten oder bedeutsamen Ergebnis. Konkret bedeutet das: Wenn wir unsere Alternativhypothese, die uns ja eigentlich interessiert, auf Basis der gewonnenen Daten als bestätigt ansehen, dann begehen wir mit einer Wahrscheinlichkeit von kleiner oder gleich 5 % einen Fehler. Je geringer die Irrtumswahrscheinlichkeit $\alpha$ ist, umso vertrauenswürdiger ist demnach die Annahme der $H_1$. Bei einem $\alpha$-Fehler von 1 % sprechen wir dann von einem sehr signifikanten Ergebnis. Hin und wieder findet man auch die Aussage „tendenziell signifikant", womit eine Irrtumswahrscheinlichkeit von 10 % gemeint ist.

Mit Hilfe des $\beta$-Fehler lässt sich wiederum die sogenannte *Power* (Teststärke) eines statistischen Tests berechnen. Ist nämlich $\beta$ die Wahrscheinlichkeit, die $H_1$ fälschlicherweise zugunsten der $H_0$ aufzugeben, stellt $1-\beta$ dann die Wahrscheinlichkeit dar, diesen Fehler gerade zu vermeiden. Die Teststärke gibt mit anderen Worten die Wahrscheinlichkeit an, mit der man bei dem konkreten Test tatsächliche Populationsunterschiede auch in der Stichprobe entdecken kann, wenn sie denn vorhanden sind.

# Der wissenschaftliche Prozess im Überblick

**6**

## 6.1 Der wissenschaftliche Prozess im Überblick

Nachdem wir uns bisher mit grundlegenden Überlegungen zur Theorienbildung und Erklärung beschäftigt haben, gehen wir nun einen Schritt weiter und betrachten, wie die bisher vermittelten Vorstellungen Einfluss auf den konkreten Forschungsprozess nehmen. Der psychologisch-empirische Forschungsprozess lässt sich idealtypisch in mehrere Phasen einteilen (Abb. 6.1 gibt einen Überblick). Er beginnt mit der Erkundungsphase, an deren Ende eine konkrete Problemstellung steht: wie können bestimmte Beobachtungen bzw. Überlegungen mit bisher als gültig akzeptierten Theorien erklärt werden? Müssen wir die Theorien modifizieren oder gar neue theoretische Konzepte entwickeln? Psychologische Theorien, wollen wir sie denn als gültig erachten, müssen empirisch getestet werden. Wir müssen dazu aus den theoretischen Annahmen konkrete, falsifizierbare Hypothesen ableiten, deren Testung uns Aufschluss über die Gültigkeit unsere Theorie geben soll. Damit uns dies gelingt, müssen wir die psychologischen Konzepte, die sich häufig einer unmittelbaren Beobachtung entziehen, durch den Prozess der Operationalisierung messbar machen. Ist das geschehen, können wir uns an die Durchführung der empirischen Studie machen, Daten sammeln und auswerten und anschließend entscheiden, ob wir unsere Hypothesen als bestätigt ansehen wollen, oder, ob wir unsere Annahmen als falsch zurückweisen müssen. Wenn wir diese Entscheidungen vor dem Hintergrund und mit Bezugnahme auf die vorher ins Feld geführten Theorien diskutieren und prüfen, welche Auswirkungen unsere Befunde auf die theoretische Argumentation haben, dann haben wir einen ganz konkreten Teil zur wissenschaftlich Erkenntnis beigetragen.

© Springer Fachmedien Wiesbaden 2016
P. M. Bak, *Wie man Psychologie als empirische Wissenschaft betreibt*, essentials,
DOI 10.1007/978-3-658-11130-4_6

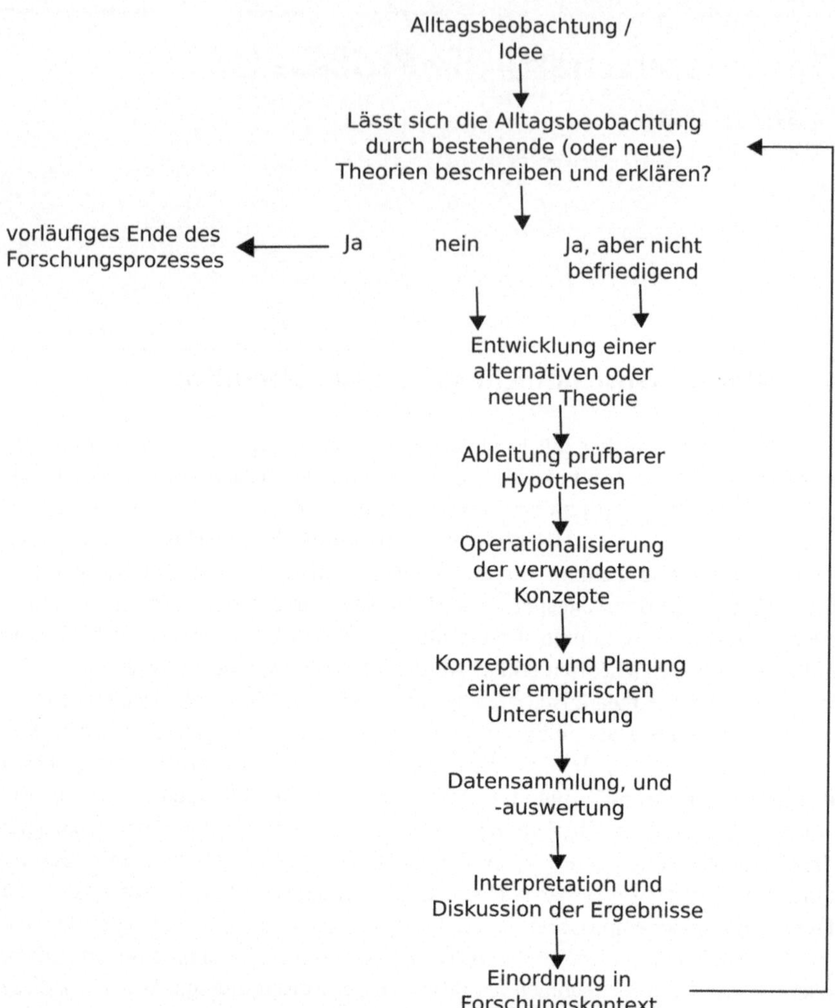


**Abb. 6.1** Der Prozess empirischer psychologischer Forschung

# Wissenschaftliches Arbeit beginnen

**7**

Am Anfang einer wissenschaftlichen Arbeit steht die Idee, die Einzelbeobachtung, die es mit bereits vorhandenen oder neu zu entwickelnden Theorien und Konzepten zu beschreiben und zu erklären gilt. Dies ist, so haben wir festgestellt, ohne Rückgriff auf bereits bestehende Theorien nicht möglich. Daher steht am Anfang des Forschungsprozesses die Auseinandersetzung mit dem aktuellen Stand der Wissenschaft in Bezug auf die interessierende Fragestellung. Dies geschieht in erster Linie durch die Lektüre von Fachartikeln, durch die man allmählich in den gedanklichen Forschungsprozess einsteigt, in dem man die Untersuchungen nachvollzieht und kritisch hinterfragt. Um sich ein Forschungsprogramm zu eigen zu machen, ist es empfehlenswert, ausgehend von einem Fachartikel zu untersuchen, welche grundlegenden Studien dort wiederum als theoretische Grundlage dienen und, ob der Artikel selbst von anderen Autoren zitiert wird. Auch kann es sinnvoll sein, zu prüfen, ob der oder die Autoren zum Thema bereits andere Publikationen vorgelegt haben. Verschafft man sich einen Überblick darüber, an welcher Stelle eines größeren Forschungsvorhabens eine spezielle Studie steht, kann man die vorgelegten Ergebnisse besser in einen größeren *Gesamtzusammenhang* bringen. Als Einstieg bieten sich hier insbesondere *Übersichtsartikel* an, die den aktuellen Stand der Forschung zu einem Themenbereich zusammenfassen. Dies wiederum ist für den nachfolgenden Prozess der Theoriebildung besonders wichtig. Bei der Suche nach der geeigneten Lektüre ist darauf zu achten, dass nicht nur Lehrbücher betrachtet werden, da diese in der Regel nicht den aktuellen Stand der Forschung abbilden. Am ehesten eignen sich *Fachartikel* aus anerkannten Fachzeitschriften. Auch Online-Quellen sind kritisch zu betrachten, da es hier häufig keine fachwissenschaftliche Kontrolle gibt. Ein weiterer Vorteil bei der Lektüre dieser Fachartikel ist, dass man sich gut an ihnen orientieren kann, was die Dramaturgie, die Gliederung und die Vorgehensweise bei der eigenen empirischen Studie angeht. Nachdem man auf diese Weise einen Themenbereich als relevant und interessant

© Springer Fachmedien Wiesbaden 2016

P. M. Bak, *Wie man Psychologie als empirische Wissenschaft betreibt,* essentials,

DOI 10.1007/978-3-658-11130-4_7

für die eigene Forschung identifiziert hat, geht es in einem zweiten Schritt darum, selbst theoretische Arbeit zu leisten. Dies beginnt mit der Formulierung von Hypothesen.

► **Praxistipps**
- Arbeite Dich intensiv in theoretische Konzepte ein, bevor Du eine endgültige Forschungsfrage formulierst.
- Identifiziere grundlegende Arbeiten eines Themenreichs und prüfe, ob die Arbeiten Teil eines größeren Forschungsprogramms sind.
- Besorge Dir Übersichtsartikel um Dir einen Einblick in den Stand der Forschung zu verschaffen.

# Empirische Hypothesen aufstellen 8

Wenn unser Ausgangspunkt das Verstehen, Ergründen oder Beschreiben eines Untersuchungsbereichs ist, wenn wir also eine explorative oder deskriptive Studie planen, dann benötigen wir für das weitere Vorgehen keine empirische Hypothese. Die Festlegung der theoretischen Konzepte zur Beschreibung reicht aus. Nur, wenn es darum geht, ein Verhalten oder Erleben *erklären* zu wollen, also bei *explikativen Studien*, müssen wir uns intensiv mit der Hypothesenbildung beschäftigen, denn dann geht es darum, durch das Sammeln von Daten zu einer *Entscheidung* zu kommen: Kann sich unser Erklärungsmodell, gemäß des HO-Schemas, bewähren oder stellt es sich als falsifiziert heraus?

Ausgangspunkt zur Entwicklung neuer oder veränderter Theorien und Hypothesen sind bereits bewährte Theorien und Hypothesen. Am fruchtbarsten ist es dabei, ausgehend von einer Studie und darin vorgelegten Erklärungen auszugehen und uns zu fragen, ob das uns interessierende Verhalten und Erleben durch die dort aufgestellten Theorien und Hypothesen erklärt werden kann. Dabei sollten wir die Kriterien für eine gute Theorie beachten und uns u. a. folgende Fragen stellen: Passt die Erklärung ins HO-Schema? Ist sie widerspruchsfrei? Ist sie sparsam? Reduziert sie die Komplexität? Ist sie falsifizierbar? Hat sie praktischen Wert? Gegebenenfalls müssen wir die vorhandenen Ideen und Erklärungskonzepte weiterentwickeln und ganz im Sinne des *kontrafaktischen Konditionalsatzes* prüfen, was passieren würde, wenn bestimmte Randbedingungen eintreten würden. Würde die Theorie diese Folgen auch richtig vorhersagen oder müssen wir dazu neue Annahmen machen? Können wir den empirischen Gehalt der Annahmen erhöhen, d. h. also die Anzahl an Ereignissen vergrößern, die die Hypothese falsifizieren können? Auch können wir überlegen, welche Konsequenzen eine Variation der Durchführungsbedingungen hätte. Zeigen sich die Ergebnisse auch unter veränderten Bedingungen oder müssen wir den Geltungsbereich der Annahmen einschränken? Auch können wir über eine veränderte Stichprobenzusammensetzung

© Springer Fachmedien Wiesbaden 2016

P. M. Bak, *Wie man Psychologie als empirische Wissenschaft betreibt*, essentials,
DOI 10.1007/978-3-658-11130-4_8

nachdenken und uns wieder die Frage nach den Folgen stellen. Oder man überträgt die Annahmen auf einen anderen Untersuchungskontext oder ergänzt die Studien um ein weiteres Konzept. Auch lohnt es sich, die für die Befunde gemachten Erklärungen anzuzweifeln und zu überlegen, unter welchen Umständen die Studie zu anderen Ergebnissen gekommen wäre. Dabei ist es hilfreich, nach alternativen Theorien Ausschau zu halten und zu prüfen, zu welchen Vorhersagen diese kommen würden. Gelangt man auf diesem Weg zu unterschiedlichen Vorhersagen, hat man einen gut zu argumentierende Begründung für die eigene empirische Studie.

Genau so bedeutsam wie das Entdecken neuer Unterschiede oder Zusammenhänge ist im Übrigen auch, Studienergebnisse, bevor man durch eine Variation Änderungen herstellt, zunächst zu replizieren. Erstens stützt dies den ursprünglichen Befund, auf dem man ja aufbaut und zweitens kann man sich dann sicher sein, bei der Umsetzung korrekt gearbeitet zu haben. Kann man die Ursprungsergebnisse dagegen nicht replizieren, dann stellt dies entweder den Allgemeingültigkeitsanspruch der Theorie in Frage, oder die publizierte Vorlage ist offenbar nicht vollständig oder fehlerhaft. Beides interessante Schlussfolgerungen. Zum Ende des hypothesenbildenden Prozesses steht die Formulierung der konkreten Untersuchungshypothese(n). Dabei ist darauf zu achten, dass die Hypothese eine empirische Fragestellung, also ein synthetischer und kein analytischer Satz ist, keine Tautologie darstellt und empirisch prüfbar und falsifizierbar ist. Dabei liefert das HO-Schema für die Formulierung der Hypothesen die entsprechende Blaupause. Je genauer die Hypothese formuliert wird, je mehr Beobachtungen demnach zur Falsifikation beitragen können, desto größer ist der empirische Gehalt der Hypothese.

Schauen wir uns ein konkretes Beispiele für eine empirisch prüfbare Hypothese an. In einer Studie, in der es um den Zusammenhang zwischen automatischer Bewertung von Informationen, Stimmung und Art und Weise der Informationsverarbeitung geht (Chartrand et al. 2006), können wir folgende Beschreibung lesen:

> As previously mentioned, recent research supporting the feelings-as-information theory has demonstrated that a positive mood is associated with a heuristic processing style, whereas a negative mood is associated with an analytic processing style [...]. Therefore, if automatic evaluation alters mood, it should also affect processing style. (Chartrand et al. 2006, S. 71).

Was die Autoren hier formulieren ist ein geschachteltes Hypothesensystem (Kausalkette) aus mehreren Hypothesensätzen, das wir unter Zuhilfenahme des uns bekannten HO-Schemas auseinanderbrechen können.

**Hypothesensatz 1**  $G_1$: Unterschiedliche Stimmung führt zu einer unterschiedlichen Informationsverarbeitung.

$R_1$: Es liegen unterschiedliche Stimmungen vor

Ergebnis: Information wird unterschiedlich verarbeitet

Der erste Hypothesensatz ist empirische bereits bestätigt. In einem ersten Experiment wird nun der zweite Hypothesensatz untersucht:

**Hypothesensatz 2**

$G_1$: Stimmung lässt sich durch automatische Bewertungsprozesse verändern.

$R_1$: Es liegen unterschiedliche automatische Bewertungsprozesse vor.

Ergebnis: Die Stimmung ist unterschiedlich.

Die Autoren kommen nach der ersten Studie zu dem Ergebnis, dass tatsächlich die Stimmung in Abhängigkeit von der induzierten automatischen Bewertung, wie erwartet, variiert. Unterschwellig dargebotene positive Wörter führten zu einer positiven Stimmung, während negative Worte negative Stimmung induzierten. Jetzt wird in einem zweiten Experiment der dritte Hypothesensatz geprüft:

**Hypothesensatz 3**

$G_1$: Automatische Bewertungsprozesse beeinflussen die Informationsverarbeitung

$R_1$: Es liegen unterschiedliche automatische Bewertungen vor.

Ergebnis: Die Informationsbearbeitung ist unterschiedlich.

Auch diesen Hypothesensatz sehen die Autoren nach der Analyse der im zweiten Experiment gewonnenen Daten als bestätigt an. So konnte man bei den Personen, denen zuvor ein negativer Reiz unterschwellig dargeboten wurde, im Anschluss eine systematische Informationsverarbeitung belegen, die sich von der Informationsverarbeitung der Personen, denen positive Begriffe präsentiert wurden, unterschied.

▶ **Praxistipps**

- Prüfe vorhandene Annahmen durch Fragen nach der Allgemeingültigkeit, nach der Vereinbarkeit mit anderen bewährten Theorien oder formuliere dazu kontrafaktische Konditionalsätze.
- Prüfe, ob Deine eigenen Hypothesen ins HO-Schema passen und falsifizierbar sind und vermeide Tautologien.
- Erhöhe den empirischen Gehalt einer vorliegenden und bewährten Hypothese dadurch, dass Du den Geltungsbereich erweiterst oder einschränkst.

# Ein Experiment planen 9

## 9.1  Verschiedene Variablentypen

In einem ersten Schritt geht es bei der Planung eines Experiments darum, alle für die Fragestellung relevanten *Variablen* aufzuführen. Eine Variable ist, wie der Name es schon sagt, im Gegensatz zu einer *Konstanten,* ein Merkmal, das sich verändert, also mindestens in zwei Ausprägungen vorkommt. Dabei wird eine Unterscheidung getroffen zwischen der sogenannten *unabhängigen (UV)* und der *abhängigen Variable (AV).* Als Unabhängige Variable versteht man die Variable, deren Einfluss auf andere Variablen, nämlich der abhängigen Variable, geprüft werden soll. Ein Beispiel. Unsere Hypothese lautet: Personen mit einer positiven Stimmung sind eher durch starke und schwache Argumente zu überzeugen als Personen in negativer Stimmung (Bless et al. 1990).

Als unabhängige Variable wird in diesem Fall die Variable *Stimmung*, mit den beiden Ausprägungen *positiv* und *negativ* eingeführt. Als zweite unabhängige Variable kommt die *Stärke der Argumente* hinzu, in unserem Fall also mit den Ausprägungen *stark* und *schwach*. Die abhängige Variable ist dann ein *Maß der Überzeugung*. Nach den üblichen Konventionen der Versuchsplanung, einem Teil der psychologischen Methodenlehre, nennt man einen solchen Aufbau einen $2 \times 2$ - Plan. Wobei jeder Multiplikand eine UV repräsentiert und die den Multiplikanden bezeichnende Zahl, die Anzahl der Stufen der UV angibt, also 2 (Stimmung: positiv vs. negativ) x 2 (Argumentstärke: schwach vs. stark). Entsprechend würde wir von einem $2 \times 3$ - Plan sprechen, wenn die erste UV zweistufig, die zweite UV dagegen dreistufig wäre. Ein $2 \times 2 \times 2$ - Plan würde dann analog ein Versuchsdesign angeben, bei dem drei unabhängige Variablen mit jeweils zwei Stufen realisiert wurden.

© Springer Fachmedien Wiesbaden 2016
P. M. Bak, *Wie man Psychologie als empirische Wissenschaft betreibt,* essentials,
DOI 10.1007/978-3-658-11130-4_9

Neben der unabhängigen und abhängigen Variable müssen noch eine Reihe anderer Variablen berücksichtigt werden, die für die Fragestellung selbst nicht bedeutsam sind, von denen wir aber vermuten, dass sie systematischen Einfluss auf die Ergebnisse haben könnten, wie z. B. das Geschlecht und das Alter der Versuchspersonen. Diese Variablen nennt man *Kontrollvariablen*. Je nach Umfang und vermutetem Einfluss muss entschieden werden, welche Kontrollvariablen in welcher Ausprägung erhoben werden, ob nur eine bestimmte Ausprägung der Kontrollvariablen in der Studie realisiert wird (Konstanthalten) oder, ob die Kontrollvariable gar nicht berücksichtigt wird.

## 9.2   Parallelisierung und Randomisierung

Eine Möglichkeit, um eine gute Vergleichbarkeit zwischen zwei oder mehr Untersuchungsgruppen herzustellen ist die sogenannte *Parallelisierung*. Dabei werden die Gruppen in ihrer Zusammensetzung vor der Untersuchung hinsichtlich der Kontrollvariablen so zusammengesetzt, dass sie eine gleiche Verteilung aufweisen. Dennoch wird es nicht möglich sein, alle Variablen, die potenziell Einfluss auf die Ergebnisse nehmen können, zu erfassen und zu kontrollieren. Diese *Störvariablen* versucht man durch einen anderen Prozess in den Griff zu bekommen, durch die sogenannte *Randomisierung*. Damit ist gemeint, dass die Versuchspersonen den einzelnen Untersuchungsbedingungen, also den Ausprägungen innerhalb der unabhängigen Variablen, zufällig zugewiesen werden. Diese Vorgehensweise hat den Vorteil, dass personenspezifische Merkmale keinen systematischen Einfluss auf die Untersuchungsergebnisse nehmen können, da sie sich auf die untersuchten Gruppen zufällig verteilen. Ein Beispiel dazu: Bleiben wir bei unseren positiv und negativ gestimmten Personen. Unser Ziel ist es zu erforschen, wie sehr sich die beiden Gruppen durch Argumente beeinflussen lassen. Da wir zudem einen Einfluss des Geschlechts vermuten, erheben wir das Geschlecht der Teilnehmer als Kontrollvariable vor der eigentlichen Untersuchung und parallelisieren die beiden Gruppen hinsichtlich des Geschlechts, d. h. in beiden Gruppen befinden sich gleich viele Männer wie Frauen. Dennoch vermuten wir, dass auch noch andere Faktoren, z. B. Motivation, Müdigkeit, Fähigkeit, Schulbildung und andere personenspezifische Faktoren einen Einfluss auf die Wirkung der Argumente haben, die unser Ergebnis stören könnten, wenn sie sich unterschiedlich auf beide Gruppen verteilen. Angenommen nämlich, wir hätten in der Gruppe der positiv gestimmten Versuchspersonen viel mehr hoch motivierte Personen als in der anderen Gruppe, dann würde dies die Ergebnisse systematisch verfälschen, ohne dass wir dies im Nachhinein bemerken könnten. Motivation wurde ja nicht als Kontrollvariable erfasst! In dem Fall würden wir von *Konfundierung* sprechen. Wir würden möglicherweise unsere Ergebnisse falsch interpretieren, weil nicht die Stimmung den Ausschlag für die Überzeugungskraft der Argumente gegeben hat, sondern die Motivation. Was können wir in diesem Fall also tun? Ganz einfach, wir verteilen die Versuchspersonen nach dem Zufall auf beide Gruppen. Auf diese Weise wird es extrem unwahrscheinlich, dass sich in der einen Gruppe die motivierten, in der anderen Gruppe dagegen die unmotivierten Versuchspersonen befinden. Das Problem einer systematischen Verzerrung (Konfundierung) ist damit aus dem Weg geräumt. Potenzielle Störvariablen können das Ergebnis also nicht verzerren.

## 9.3   Die Bedeutung der Stichprobengröße

Mit der Stichprobe wird zunächst eine Teilmenge einer sogenannten Grundgesamtheit beschrieben. Mit *Grundgesamtheit* (Population) wiederum meint man die Menge aller Merkmalsträger, oder allgemein statistischer Einheiten, die hinsichtlich eines oder mehrerer definierter Merkmale gleich sind. Da wir häufig keine Gesamterhebung durchführen können, also nicht alle Individuen der Gesamtheit untersuchen, wird auf verschiedene Art und Weise aus der Gesamtheit eine Stichprobe entnommen. Dies kann anhand definierter Kriterien erfolgen, nach festgelegtem Plan oder per Zufall (randomisiert). Mit der *Stichprobengröße*, dem Stichprobenumfang wird nun eine Mengenangabe gemacht, die angibt, wie groß die Teilmenge aus der Grundgesamtheit sein muss, um eine statistische Kenngröße (z. B. Mittelwert, Modalwert) mit einer bestimmten Genauigkeit als Schätzung für die Population anzuerkennen. Damit hängt der nötige Stichprobenumfang auch von der tatsächlichen Kennwertverteilung in der Grundgesamtheit ab. Je größer die Unterschiede in der Population, desto weniger Personen (allgemein Untersuchungseinheiten) benötigen wir, um diese tatsächlichen Unterschied in einer Stichprobe zu entdecken. Anders formuliert, ist der Unterschied in der Population zwischen zwei Teilmengen hinsichtlich eines Merkmals sehr groß, man spricht hier auch von *Effektstärke*, steigt die Wahrscheinlichkeit, dass ich bereits mit wenigen, zufällig aus der Grundgesamtheit gezogenen Personen, diese Unterschiede in der Stichprobe vorfinden werde. Die Stichprobengröße lässt sich in Abhängigkeit vom erwarteten Effekt und der Sicherheit, mit der man dem Ergebnis trauen kann, exakt berechnen (siehe dazu etwa Bortz und Döring 2006).

## 9.4   Wie erfassen wir psychologische Konstrukte?

Nachdem nun die Variablen festgelegt wurden, die für die Untersuchung relevant sind und der Stichprobenumfang ermittelt ist, muss als nächstes geklärt werden, *wie* die relevanten Variablen tatsächlich so umgesetzt werden, dass sie eine Messung für die relevanten Verhaltensweisen, Zustände, Reaktionen etc. darstellen. Diesen Vorgang nennt man *Operationalisierung*. Diese ist umso schwieriger, je komplexer das durch die Variable erfasste Verhalten oder Merkmal ist. Beispiel: Sind wir an der Variable *Alter* interessiert, so können wir die Versuchspersonen ganz einfach danach befragen, zur Not könnten wir das Alter auch durch die Vorlage eines amtlichen Dokuments erfassen. Wie aber sieht es bei solchen Variablen wie Stimmung oder Zufriedenheit aus? Dazu muss grundsätzlich gesagt werden, dass es sich bei den meisten Variablen, die in psychologischen Studien untersucht werden, um sogenannte *psychologische Konstrukte* handelt. Damit ist gemeint, dass viele Phänomene, die wir in der Psychologie beschreiben, etwa Emotionen, Aggression, Liebe, Stimmung oder Zufriedenheit sich einer direkten Beobachtung entziehen. Es sind allesamt theoretische Begriffe, die erst mit Hilfe von Hilfskonstruktionen sichtbar gemacht werden können. Wir definieren dann bestimmte, beobachtbare Verhaltensweisen, Zustände und Reaktionen als *indikativ* (anzeigend) für das dahinterliegende theoretische Konzept. Das bedeutet, dass die Festlegung darauf, wie wir Stimmung und Zufriedenheit erfassen wollen, ohne Rückgriff auf entsprechende theoretische Konzepte und Festlegung dessen, welches Verhalten wir als indikativ für die zu messende Variable ansehen möchten, nicht möglich ist. Dabei können wir möglicherweise auf bereits bewährte Verfahren (Tests, validierte Fragebögen etc.) setzen oder müssen selber entsprechende Erhebungsverfahren konstruieren. Letzteres setzt entsprechend Kenntnisse der Test- und Fragebogenkonstruktion voraus. Typische Schwierigkeiten bei der Operationalisierung sind, dass das zu operationalisierende Konzept mehr Dimensionen und Facetten aufweist, wie das Merkmal, welches man als Indikator gewählt hat. Ein typisches Problem der Intelligenzforschung. Intelligenz ist ein so facettenreiches Konzept, das es schwer fällt, bei einer Messung tatsächlich alle relevanten Aspekte beobachtbar abzugreifen. Auch kann es sein, dass das zu beobachtende Merkmal kein Indikator für das zugrundeliegende Konstrukt ist. Außerdem kann es vorkommen, dass das beobachtete Merkmal auch für andere Konstrukte indikativ ist, ein eindeutiger Verweis auf das eigentlich zu messende Konstrukt also dann nicht möglich ist. Außerdem und mit diesen Problemen verbunden, sind bei der Operationalisierung auch die psychologischen Gütekriterien (Objektivität, Reliabilität, Validität) von großer Bedeutung.

► **Praxistipps**

- Erstelle eine Liste aller eingesetzter Variablen und teile sie in UV, AV, Kontroll- und Störvariablen ein.
- Faustregel 1: Die Stichprobe sollte umso größer sein, je mehr Variablen gleichzeitig untersucht werden.
- Faustregel 2: Bei geringen Unterschieden hinsichtlich eines Merkmals innerhalb einer Grundgesamtheit, muss man eine größere Stichprobengröße wählen, um Effekte auch nachweisen zu können.
- Vor der Entwicklung eines Erhebungsinstruments prüfe, ob es nicht bereits bewährte Verfahren gibt.

# Die Empirie messen 10

Bei der Frage, wie wir psychologische Konzepte messen wollen, müssen wir uns zunächst mit dem *Skalenniveau* der eingesetzten Variablen beschäftigen. Das Skalenniveau wird auch als *Messniveau* bezeichnet und legt grundlegend fest, welchen *Informationsgehalt* eine Variable besitzt. Betrachten wir zum besseren Verständnis zunächst den Messvorgang etwas genauer. Was meinen wir eigentlich, wenn wir von Messen sprechen?

Unter *Messen* können wir in quantitativen psychologischen Studien ganz einfach den Vorgang beschreiben, der den Sachverhalten in der realen Welt (Empirie) nach einer bestimmten Regel Zahlen zuordnet. Diese Regeln bestimmen, wie viele Informationen aus der realen Welt in die „Welt der Zahlen" gelangen. Je mehr reale Informationen sich in der Zahlenwelt abbilden lassen, desto adäquater werden die realen Sachverhalte erfasst und desto besser ist die Messung. Ziel einer Messung ist es also, mit geringstem Informationsverlust empirische Sachverhalte zahlenmäßig auszudrücken. Schauen wir uns das an verschiedenen Beispielen an.

Angenommen wir haben die vier realen Personen, nämlich die Freunde Max, Tom, Bea und Ute, und wir wollen ihre Größe messen (vgl. Abb. 10.1). Was uns sofort durch unsere Beobachtung auffällt, ist, dass es sich bei den vier offenbar um vier verschieden große Personen handelt. Wie kann man das in der Zahlenwelt nun ausdrücken? Ganz einfach, in dem wir den vier empirischen Personen unterschiedliche Zahlenwerte zuordnen (vgl. Abb. 10.2). Welche Zahlen das sind, spielt dabei keine Rolle, Hauptsache, es sind vier unterschiedliche Zahlen, die unterschiedliche Größen repräsentieren. Die Zuordnung von empirischem Sachverhalt zu Zahlen erfolgt also nach einer einfachen Zuordnungsregel, die lautet: Weise unterschiedlichen Größen in der realen Welt unterschiedliche Zahlen zu. Mit dieser Regel ist auch schon die sogenannte *Nominalskala* beschrieben. Mit einer solchen Skala werden z. B. Variablen wie Geschlecht (Mann $=1$, Frau $=2$) oder Religionszugehörigkeit (katholisch $=1$, evangelisch $=2$, sonstiges $=3$, keine $=4$) erfasst. In der

© Springer Fachmedien Wiesbaden 2016

P. M. Bak, *Wie man Psychologie als empirische Wissenschaft betreibt*, essentials,

DOI 10.1007/978-3-658-11130-4_10

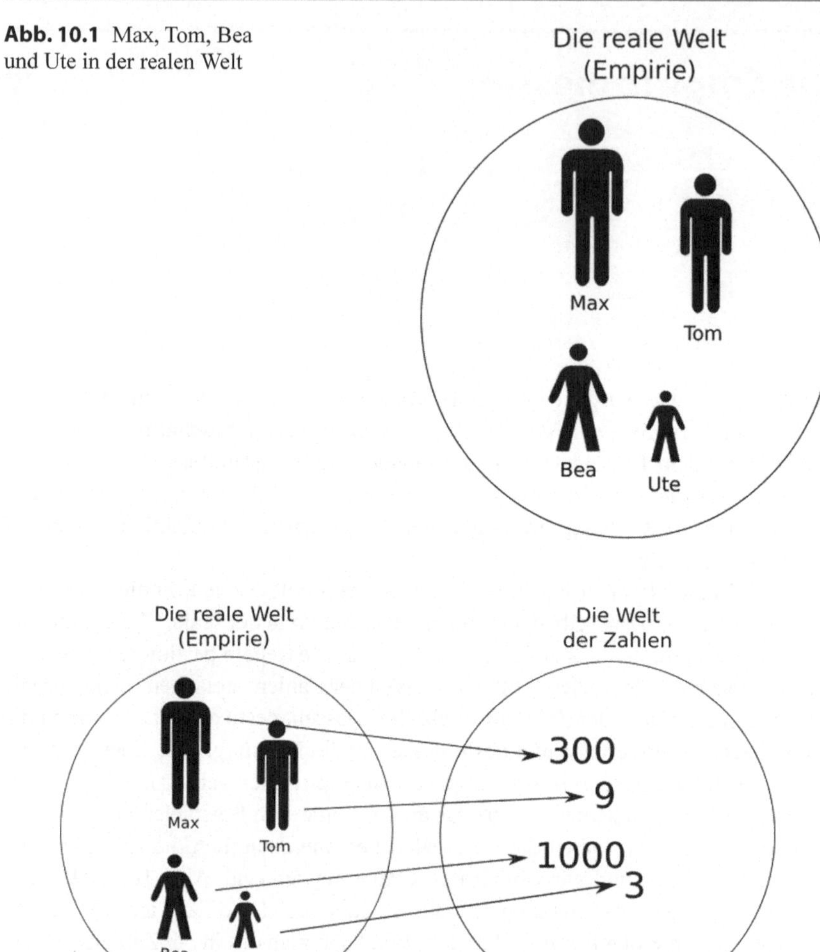



**Abb. 10.1** Max, Tom, Bea und Ute in der realen Welt

**Abb. 10.2** Wir messen Max, Tom, Bea und Ute mit einer Nominalskala

Regel verwendet man bei der Abbildung der Sachverhalte aber nicht irgendwelche Zahlen, sondern aufeinanderfolgende Zahlen (vgl. Abb. 10.3). Dies ist aber kein Muss, sondern hat mehr oder weniger kosmetische oder praktische Gründe: wir können uns die Zahlen dann besser merken.

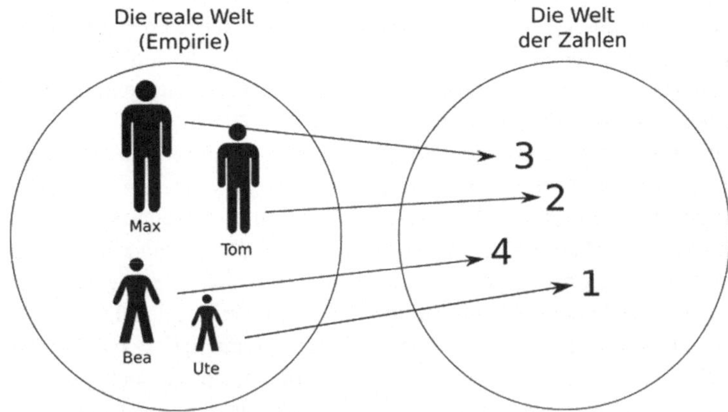

**Abb. 10.3**  Wir messen Max, Tom, Bea und Ute mit einer Nominalskala

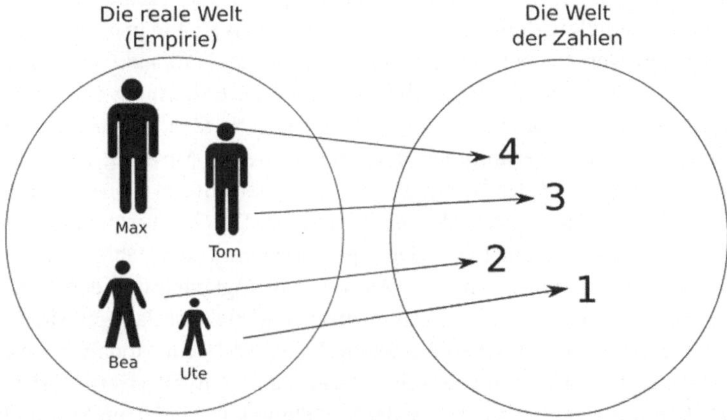

**Abb. 10.4**  Wir messen Max, Tom, Bea und Ute mit der Rangskala und der Intervallskala

Wie wir aber bei unseren vier Freunden sehen können, wissen wir von ihnen noch mehr in Bezug auf ihre Körpergröße, als dass sie sich darin unterscheiden. Max ist nämlich der größte, dann kommt Tom, dann Beate und die kleinste ist Ute. Auch das lässt sich in der Zahlenwelt wie folgt abbilden: Bilde hinsichtlich der Größe der Personen in der realen Welt eine Rangreihe und vergebe der größten Person die größte Zahl, der nachfolgenden die zweitgrößte Zahl usw. bis am Ende der kleinsten Person die kleinste Zahl zugewiesen wird (vgl. Abb. 10.4). In unserem Beispiel bekommt dann Max die 4, Tom die 3, Bea die 2 und Ute die 1. Es könnten auch beliebige andere Zahlen sein, solange die Reihenfolge der Zahlen der Reihenfolge der Personen entspricht. Mit dieser Regel wird die *Rangskala* oder auch *Ordinalskala* beschrieben. Schulnote („sehr gut" bis „ungenügend") oder Olympiaplatzierungen sind rangskalierte Messungen.

Aber immer noch haben wir nicht alle realen Größeninformationen in die Zahlenwelt transformiert. Neben der Größenreihenfolge können wir nämlich auch noch angeben, wie groß der Abstand zwischen den vier Freunden ist. So ist der Abstand zwischen Max und Tom genauso groß wie der Abstand von Tom zu Bea und von Bea zu Ute. Auch für diese Information lässt sich eine Regel angeben, mit der die realen Sachverhalte in die Zahlenwelt übertragen werden. Die Regel lautet: Weise den empirischen Sachverhalten solche Zahlen zu, die die realen Abständen entsprechend abbilden. Die Zuordnung in Abb. 10.4 entspricht nicht nur der Rangskala, sondern auch genau dieser Forderung, die wir als *Intervallskala* kennen. Ratingskalen, Likert-Skalen, der IQ-Wert oder die Temperatur in Grad Celsius sind Beispiele für solche intervallskalierte Messungen. Zu guter Letzt fehlt uns immer noch eine Information, deren Regel uns erst mit der *Verhältnisskala* zur Verfügung steht. Mit der Verhältnisskala können empirische Sachverhalte in die Welt der Zahlen übertragen werden, bei denen es einen absoluten Nullpunkt gibt. Die Temperaturmessung in Fahrenheit, Geschwindigkeit oder Entfernung sind verhältnisskalierte Messungen. Verhältnis- und Intervallskala werden auch *Kardinalskalen* oder *metrische Skalen* genannt. Das Skalenniveau einer Messung entspricht also dem Informationsgehalt der Messung. Am wenigsten Informationen transportiert die Nominalskala, am meisten die Verhältnisskala. Darüber hinaus bestimmt das Skalenniveau, welche mathematischen Operationen mit den Zahlen erlaubt sind. Bei Nominalskalen können wir z. B. Auftretenshäufigkeiten und den Modalwert bestimmen, die Berechnung eines arithmetischen Mittels ist dagegen sinnlos. Bei der Rangskala können wir neben den Häufigkeiten und dem Modalwert auch den Median bestimmen. Das arithmetische Mittel kann sinnvollerweise erst mit der Intervallskala verwendet werden. Bei der Verhältnisskala sind dann Multiplikation und Division erlaubt.

## 10.1  Qualitätsmerkmale des Messvorgangs

Die Skalenniveaus sagen uns aber noch nichts darüber, wie gut wir die reale Welt gemessen haben. Die Qualität einer Messung wird deswegen anhand von drei Hauptgütekriterien Objektivität, Reliabilität und Validität bestimmt. Mit *Objektivität* meint man dabei, inwieweit die Ergebnisse einer Untersuchung unabhängig von den Einflüssen des Wissenschaftlers oder der Untersuchungssituation auf die Durchführung, Auswertung und Interpretation sind. Dieses Kriterium ist sehr wichtig, um die Allgemeingültigkeit der Studie zu gewährleisten.

Um möglichst hohe Objektivität zu gewährleisten können bereits bei der Planung und Konzeption der Studie einige wichtige Punkte beachtet werden, z. B. gleiche Instruktionsbedingungen für die Versuchspersonen oder möglichst gleiche Untersuchungsbedingungen sowie die transparente Dokumentation der Vorgehensweise und Auswertungsschritte, die es anderen ermöglicht, die Datenanalyse und -interpretation nachzuvollziehen. *Reliabilität* dagegen meint, wie zuverlässig die Messung erfolgt, mit anderen Worten, ob die mehrfache Messung auch zum gleichen Ergebnis führt. Dies setzt z. B. grundlegend voraus, dass sich das in Frage kommende Merkmal zwischen den Messungen nicht verändert oder dass die befragten Personen keine Wiederholungseffekte, also z. B. Effekte der Übung, aufweisen. Je nach untersuchtem Merkmal muss vor der Messung analysiert werden, ob die wiederholte Messung zu zuverlässigen Ergebnissen führt. Als drittes Gütekriterium ist die *Validität* zu nennen, die angibt, ob man durch die Messung auch das misst, was man messen wollte. Kann man etwa mit der Frage „Wie zufrieden sind Sie gerade mit ihrem Leben" tatsächlich die Lebenszufriedenheit der befragten Person messen oder wird durch die Frage eher die momentane Befindlichkeit abgefragt?

Mit Hilfe einer Körperwaage können die drei Gütekriterien gut illustriert werden. Angenommen, wir steigen auf unsere Wage und lesen das Gewicht ab. Dann wird daraus eine objektive Messung, wenn auch andere das gleiche Gewicht ablesen können. Reliabel ist die Messung dann, wenn ich mich ein paar Mal unmittelbar hintereinander auf die Waage stelle und die Waage immer das gleiche Gewicht anzeigt. Valide ist die Waage, wenn sie auch tatsächlich mein Körpergewicht misst, und nicht meine Schuhgröße!

Gerade bei der Erfassung psychologischer Konstrukte ist die Validität häufig schwierig zu bestimmen. Dabei kann man zwischen *interner* und *externer Validität* unterscheiden. *Interne Validität* meint, wie gut die Variation innerhalb der UV die Variation in der AV vorhersagt, wie wenig demnach das Ergebnis durch Störvariablen beeinflusst ist. Externe Validität ist eine Beschreibung für die Allgemeingültigkeit der Ergebnisse. Eine weitere Schwierigkeit bei der Messung wird als Problem der *Messinvarianz* bezeichnet. Damit ist die Frage gemeint, ob Messungen zwischen verschiedenen Gruppen miteinander vergleichbar sind. Misst z. B. ein Gedächtnistest bei jungen und alten Versuchspersonen tatsächlich auch das gleiche oder gehen die Gruppenunterschiede auch mit Veränderungen einher, die sich auf die Diagnostizität einzelner Testmerkmale auswirkt?

## 10.2   Wie können die Ergebnisse interpretiert werden?

Die Datenauswertung sollte mit einer Augenscheininspektion der vorliegenden Daten beginnen. Alle erhobenen Variablen sollten hinsichtlich ihrer Verteilung betrachtet werden. Auf diese Weise kann man sicherstellen, dass die Daten auch richtig erfasst wurden, es keine Übertragungsschwierigkeiten gab und sich die Versuchspersonen korrekt im Sinne der Instruktionen verhalten haben. Anschließend kann man an das Prüfen der Hypothesen gehen, in dem entsprechende, mit dem vorliegenden Skalenniveau der Daten verträgliche, statistische Analyse- und Testverfahren eingesetzt werden (siehe dazu Bortz und Döring, 2006). Auf Basis der durchgeführten Analysen kann dann die Entscheidung bezüglich der aufgestellten Hypothesen erfolgen. Insbesondere geht es darum, festzustellen, ob sich die Alternativhypothese bestätigt hat, oder, ob wir sie als falsifiziert zurückweisen müssen. Stellt sich die Hypothese als falsch heraus und wurde die Hypothese aus einer übergeordneten Theorie deduktiv abgeleitet, so stellt die falsifizierte Hypothese auch die Theorie in Frage. Es muss dann entschieden werden, ob die Falsifikation möglicherweise der fehlerhaften Umsetzung zuzuschreiben ist, die Theorie falsch ist oder der Geltungsbereich der Theorie verändert werden muss. Wobei hier anzumerken ist, dass eine gewisse *Hartnäckigkeit* beim Festhalten an gewonnen Überzeugungen ebenfalls eine Tugend des Wissenschaftlers ist und wohl noch kein Forscher von dem Ergebnis einer einzigen Studie von seiner ursprünglichen Hypothese abgelassen hat. Immerhin gab es theoretisch gute Gründe für die Annahmen. Es stellt sich daher stets die Frage, wie das Ergebnis zustande gekommen ist. Lag es tatsächlich an den falschen Annahmen? Oder sind bei der Operationalisierung, der Durchführung oder bei der Auswertung Fehler unterlaufen, die den Ausgang der Studie beeinflusst haben? Die vorliegenden Ergebnisse müssen aber, unabhängig vom Ausgang, vor dem Hintergrund der zuvor aufgestellten Theorie betrachtet und bewertet werden. Die Konsequenzen der Studie für die Annahmen in relevanten Theorien müssen beschrieben und diskutiert werden. Auf diese Weise kann dann jede Studie, ob die gemachten Hypothesen sich bewährt haben oder nicht, ein fruchtbarer Ausgangspunkt für die theoretische Weiterentwicklung und die Erweiterung unseres Fachwissen darstellen.

▶ **Praxistipp**

- Strebe bei der Operationalisierung stets das höchste Skalenniveau der eingesetzten Variablen an, um keine Informationen zu verschenken. Später kann man durch mathematische Transformationen von einem höheren Skalenniveau auf ein niedrigeres Niveau gelangen. Der umgekehrte Weg, also von einem niedrigen auf ein hohes Niveau, ist dagegen nachträglich nicht möglich.
- Jedes Ergebnis ist für die Wissenschaft ein wichtiges und interessantes Ergebnis!

# Fragenkatalog zur Bearbeitung einer empirischen Fragestellung 11

Wir haben nun bedeutsame Fragen und Konzepte kennengelernt, die eine empirisch psychologische Forschungsarbeit mit sich bringen, die man bei der konkreten Arbeit hin und wieder aus dem Blick verliert. Es bietet sich daher an, die wesentlichen Schritte und Problemstellungen nochmals zu rekapitulieren und für die praktische Arbeit in Form einer Fragenliste nutzbar zu machen. Diese Fragen sind weder vollständig noch für jede Untersuchung gleichermaßen geeignet. Sie dienen als großer Orientierungsrahmen bei der Konzeption, Planung und Durchführung einer empirischen Studie.

1. Welche Theorien sind Ausgangspunkt der eigenen Überlegungen in Bezug auf ein Forschungsthema?
2. Welche grundlegenden Annahmen werden in diesen Theorien gemacht?
3. Welche Gemeinsamkeiten und Unterschiede weisen diese Theorien auf?
4. Welches Verhalten oder Erleben soll erforscht werden?
5. Aus welchem Grund ist das interessant oder relevant?
6. Welche Vorhersagen würden die bisherigen Theorien dazu machen?
7. Welche eigenen Idee und Annahmen können als Erklärung herangezogen werden?
8. Worin unterscheiden diese sich von den bisherigen Annahmen?
9. Lassen sich die Annahmen nach dem HO-Schema formulieren?
10. Handelt es sich um falsifizierbare Annahmen?
11. Welche psychologischen Konzepte stecken in den Annahmen?
12. Welche bisherigen Forschungsergebnisse gibt es zu den Annahmen?
13. Wie lassen sich die psychologischen Konzepte der Annahme operationalisieren?
14. Wie könnte ein Versuchsaufbau aussehen, um die Annahmen zu prüfen?
15. Welche unabhängigen und abhängigen Variablen werden verwendet?
16. Müssen Kontrollvariablen berücksichtigt werden?

© Springer Fachmedien Wiesbaden 2016
P. M. Bak, *Wie man Psychologie als empirische Wissenschaft betreibt*, essentials,
DOI 10.1007/978-3-658-11130-4_11

17. Welche Störvariablen gibt es und wie wird damit umgegangen?
18. Wie groß muss die Stichprobe sein, um die erwarteten Effekte auch nachweisen zu können?
19. Was muss bei der Durchführung beachtet werden?
20. Sind die Testdurchläufe befriedigend verlaufen?
21. Werden die Daten ordnungsgemäß erfasst?
22. Welche Auswertungsmethoden müssen zur Hypothesenprüfung eingesetzt werden?
23. Was bedeutet es für die vorangestellten theoretischen Konzepte, wenn das Ergebnis die aufgestellten Annahmen bestätigt/nicht bestätigt?
24. Welche Implikationen haben die Ergebnisse für die zukünftige Forschung?

# Was Sie aus diesem Essential mitnehmen können

- wissenschaftliche Studien setzen die Kenntnisse und Anwendung wissenschaftlichen Regeln voraus
- in der Psychologie ist das Hempel-Oppenheim-Schema die Blaupause für eine wissenschaftliche Erklärung
- wichtig ist es, empirisch überprüfbare Hypothesen, die grundsätzlich falsifizierbar sind, zu formulieren
- Experimente sind eine besonders geeignete empirische Grundlage für psychologische Erklärungen

© Springer Fachmedien Wiesbaden 2016
P. M. Bak, *Wie man Psychologie als empirische Wissenschaft betreibt*, essentials,
DOI 10.1007/978-3-658-11130-4

# Literatur


Albert, H. (1970). Theorie, Verstehen und Geschichte: Zur Kritik des methodologischen Autonomieanspruchs in den sogenannten Geisteswissenschaften. *Zeitschrift Für Allgemeine Wissenschaftstheorie, 1*(1), 3–23.

Bless, H., Bohner, G., Schwarz, N., & Strack, F. (1990). Mood and persuasion a cognitive response analysis. *Personality and Social Psychology Bulletin, 16*(2), 331–345.

Bortz, J., & Döring, N. (2006). *Forschungsmethoden und Evaluation: Für Human- und Sozialwissenschaftler*. Heidelberg: Springer-Verlag.

Brandtstädter, J. (1993). Strukturelle Implikationen und empirische Hypothesen in handlungs-, emotions- und moralpsychologischen Forschungsprogrammen: Wechselbeziehungen und Verwechslungen. In E. D. Lantermann & L.H. Eckensberger (Hrsg.), *Ethische Norm und empirische Hypothese* (S. 252–264). Frankfurt a. M.: Suhrkamp.

Burke, P. (2014). *Die Explosion des Wissens. Von der Encyclopédie bis Wikipedia*. Berlin: Wagenbach.

Chartrand, T. L., van Baaren, R. B., & Bargh, J. A. (2006). Linking automatic evaluation to mood and information processing style: consequences for experienced affect, impression formation, and stereotyping. *Journal of Experimental Psychology: General, 135*, 70–77.

Fisher, R. A. (1956). *Statistical methods and scientific inference* (Vol. viii). Oxford: Hafner Publishing Co.

Fischer, K. (2013). *Galileo Galilei: ein Leben im Widerspruch*. Stuttgart: Kohlhammer.

Hempel, C. G., & Oppenheim, P. (1948). Studies in the logic of explanation. *Philosophy of Science, 15*(2), 135–175.

Hume, D. (2012). *Untersuchung in Betreff des menschlichen Verstandes (eBook, Erweiterte Ausgabe)*. Altenmünster: Jazzybee Verlag.

Jordan, S. (2011). *Lexikon Philosophie: hundert Grundbegriffe*. Leipzig: Reclam.

Kuhn, T. S. (1976). *Die Struktur wissenschaftlicher Revolutionen*. Frankfurt a. M.: Suhrkamp.

Maltby, J., Day, L., & Macaskill, A. (2011). *Differentielle Psychologie, Persönlichkeit und Intelligenz*. München: Pearson Deutschland GmbH.

Popper, K. (1989). *Logik der Forschung* (9. Aufl.). Tübingen: Mohr.

Stegmüller, W. (1983). *Erklärung, Begründung, Kausalität*. Berlin: Springer.

Whorf, B. L. (1956). Language, thought, and reality: Selected writings of Benjamin Lee Whorf. In John B. Carroll (Hrsg.), (Vol. x). Oxford: Technology Press of MIT.



© Springer Fachmedien Wiesbaden 2016

P. M. Bak, *Wie man Psychologie als empirische Wissenschaft betreibt*, essentials,
DOI 10.1007/978-3-658-11130-4